To Loeuy

KHMER

Eine Einführung in die Sprache Kambodschas

1804
NULLA DIES SINE LINEA

Edition Julius Groos im

STAUFFENBURG VERLAG

Bibliografische Information der Deutschen Nationalbibliothek

Die Deutsche Nationalbibliothek verzeichnet diese Publikation in der Deutschen Nationalbibliografie; detaillierte bibliografische Daten sind im Internet über <http://dnb.ddb.de> abrufbar.

Unveränderter Nachdruck der 1. Auflage 1996

Postfach 25 25 · D-72015 Tübingen
www.stauffenburg.de

Gedruckt auf säurefreiem und alterungsbeständigem Werkdruckpapier.

Printed in Germany

ISBN 978-3-87276-758-5

W I D M U N G

Dieses Lernwerk ist allen denen gewidmet, die aus beruflichen oder anderen Gründen eine längere Zeit in dem von Krieg und Nachkriegszeit gezeichneten Land Kambodscha leben und den Kontakt mit der Bevölkerung suchen wollen. Dazu verhilft die Landessprache, für die das Französische oder Englische kein vollwertiger Ersatz ist.

Für die Erstellung des Lernwerks, das Deutschen Anfangskenntnisse und -fertigkeiten zum kommunikativen sprachlichen Umgang vermitteln soll, hat sich Herr To Loeuy neben seiner täglichen Arbeit für den Lebensunterhalt eingesetzt. Konzeption, Zusammenstellung und Computerausdruck sowie die Korrekturen haben ihn langfristig beschäftigt.

Herr To Loeuy hat dieses Buch nach Fertigstellung eines kurzen Einführungsprogramms für Bedienstete deutscher Regierungsstellen in Kambodscha mit Unterstützung des Auswärtigen Amts und methodisch-didaktischer Anleitung durch das Südostasien -Institut e.V. Anfang 1995 begonnen. Es war sein Wunsch gewesen, mit der erweiterten und mehrfach ergänzten Fassung einem größeren Kreis von Deutschen den Zugang zu den Menschen und der Kultur Kambodschas sprachlich zu erschließen. Er hofft außerdem, Kinder und Jugendliche, die mit ihren Angehörigen die Heimat verlassen mußten, mit dem Lernwerk zur Beschäftigung mit der Sprache ihrer Eltern anzuregen und ihnen so die Möglichkeit zu verschaffen, ihrem Land verbunden zu bleiben.

Der Verlag hat durch die Veröffentlichung des Buches und der in das Lernwerk intergrierten Tonbandkassette die Voraussetzung für seine Verbreitung über einen engen Kreis von Interessierten hinaus ermöglicht.
Dem Verlagsleiter, den Mitarbeitern des Sprachendienstes des Auswärtigen Amts sowie allen, die bei der Erstellung des Materials behilflich waren, sei an dieser Stelle herzlich gedankt - vor allem aber Herrn To Loeuy für seinen unermüdlichen Einsatz.

Königswinter, Herbst 1995

Dr. Hans A. Poetzelberger
Dr. Manfred Kummer

LEITFADEN FÜR DAS LERNEN FERNÖSTLICHER SPRACHEN

Deutsche, die im Selbstudium mit Einführungs- oder Grundkursen südostasiatische Sprachen lernen, müssen sich auf besondere Strategien und Methoden einstellen, die durch die Strukturen und Verwendungsbedingungen von Sprachen wie Myanmarisch und Kambodschanisch sowie den verfügbaren Zeitrahmen und den Mangel an Unterrichtsmaterial erforderlich werden. Um fachlich, beruflich und touristisch Interessierten den Zugang zu diesen Sprachen und Kulturen zu erleichtern, sind durch Unterstützung des Südostasien-Instituts e.V. Lernwerke entwickelt worden, die im Selbstudium mit Hilfe von Moderatoren oder Informanten eingesetzt werden können.

Den Kern eines solchen Lernwerks bilden kommunikative Äußerungen in den am Ort für Deutsche und andere ausländische Besucher vorhersagbaren Situationen. Die jeweiligen Wendungen sind in Rede und Gegenrede so angeordnet, daß sie dialogisch zusammengestellt werden können. Grammatische Erklärungen und Tabellen mit geschlossenen Systemen, z.B. Pronomen, Wochentagen, Zahlen, werden zu den Stellen der Anwendung im Übungsteil in Bezug gesetzt. Der Aussprache dient ein phonetischer Abschnitt, und die Einführung der Schriftzeichen schafft die Voraussetzung zum verstehenden Lesen. Die Texte des schriftlichen Übungsteils sind parallel als Tonbandaufnahmen verfügbar.

In Berücksichtigung des komprimierten Lernmaterials und der bewußt eingeplanten kognitiven Lernvorgänge von Erwachsenen mit Erfahrungen im Erwerb anderer Fremdsprachen, wird auf vielgliedrige Übungsformen und -drills verzichtet. Besteht Bedarf an Automatisierung und Festigung, können zu grammatischen Schwerpunkten Übungen ergänzend erstellt werden. Auf der Grundlage der so erworbenen Kenntnisse und Fertigkeiten sind die Studien im Land der Zielsprache nach fachkundiger Beratung fortzusetzen.

Aufnahmevermögen und Merkfähigkeit sollten die Lernenden im Kursverlauf nach Neigung und Fähigkeit ausbauen durch
Umwandlungen von Laut- zu Schriftbild und umgekehrt oder von zusammenhängenden Lauteindrücken zu Lautzeichen,
Vergleiche zwischen der Lexik von Ausgangs- und von Zielsprache,
Assoziationen und Merkbrücken zwischen Elementen der Zielsprache und solchen der eigenen oder einer weiteren Sprache,

Rückgriffe im Analogieverfahren auf mental gespeicherte Aussprache- und Grammatikmuster.

Die folgenden Ratschläge sind speziell zur Lernerleichterung in der Aneignung südostasiatischer Sprachen gedacht:

1. *Pronominale Ausdrücke oder Zeitformen können unter den Bedingungen situativer Zusammenhänge ausgelassen werden. Diese für ausländische Lernende willkommene Erscheinung verlangt aber Regelwissen.*

2. *Sprachliche Einheiten (einzelne Wörter wie mehrgliedrige Wendungen) sollten unmittelbar nach der ersten Begegnung des Lernenden mit einem Schrifttext leise gesprochen oder bei einem Lauteindruck (in Gedanken oder real) ins Schriftliche übertragen werden.*

3. *Zum Zweck einer erfolgreichen Stoffaufnahme sollte der Lernende möglichst in gleichen Zeiträumen mit entsprechenden Pausen dazwischen und ohne Belastung durch andere Aufgaben arbeiten. Die Lernzeiten von 30 bis 45 Minuten sollten nicht überschritten werden.*

4. *Der Lernende sollte die Lernfortschritte selbstkritisch überprüfen. Das kann mithilfe von mentalen Wiederholungen der Lerneinheiten, Umschreibungen des Angeeigneten und Vokabelgleichungen geschehen. Zum Memorisieren von Äußerungseinheiten sind Tonbandaufnahmen heranzuziehen, die mittels eines Studienrecorders nachgesprochen, festgehalten und korrigiert werden können.*

5. *Ein Teil des Gelernten wird nicht gleich parat und abrufbar sein. Dazu bedarf es auch des zeitlichen Abstands. Die sogenannten passiven Kenntnisse sind als Vorstufe für das Produzieren sprachlicher Äußerungen wichtig, ebenso die Vorstellung von kommunikativen Situationen und die Erinnerung an Stellen in Lernwerken, die entsprechende Texte enthalten.*

6. *Die Anwendung des Gelernten im Land der Zielsprache und das «Feedback», das die Einheimischen vermitteln, geben wesentliche Impulse zur Verbesserung und zum Ausbau der sprachlichen Fähigkeiten.*

VORWORT

Mein erstes Lehrbuch entsteht aus dem Bedürfnis heraus, den Deutschen, die die Khmersprache erlernen und etwas über unsere Kultur erfahren wollen, diese nähezubringen. Außerdem soll das vorliegende Lernwerk kambodschanischen Jugendlichen und Erwachsenen die Möglichkeit geben, ihre Muttersprache zu bewahren.

Um die Aussprache der Khmerwörter und Sätze verständlich zu machen, habe ich zur Wiedergabe deren Laute eine Umschrift gewählt, die den deutschen Sprechgewohnheiten entgegenkommt und als Basis das System der «International Phonetic Association» berücksichtigt.
Natürlich ist es schwierig, bei dieser phonetischen Darstellung, Khmer sprechen zu lernen. Sie können sich aber in Aussprache, Akzentierung und Sprechrhythmus nach der Tonbandkassette richten.

Ich hoffe, daß mein kleines Lehrbuch Zustimmung findet und den Lernenden auch Freude bereitet.

Für Verbesserungsvorschläge bin ich allen dankbar.

Bad Neuenahr, Herbst 1995 TO LOEUY

អារម្ភកថា

សៀវភៅរៀនអានភាសាខ្មែរតូចមួយនេះ បានបោះពុម្ពផ្សាយជាលើកដំបូង ដើម្បីតម្រូវទៅតាមសេចក្ដីត្រូវការ នៃជនជាតិអាល្លឺម៉ង់ខ្លះ ដែលចង់រៀនភាសាខ្មែរនឹងចង់ស្គាល់នូវវប្បធម៌របស់យើងខ្លះៗ។ មួយចំណែកទៀត សៀវភៅតូចនេះវាជាសម្ភារៈមួយយ៉ាងប្រណិតសម្រាប់ខេមរយុវជនយើងខ្លះ ដែលស្ថិតនៅក្នុងជំនាន់ចន្លោះលង្វែកពេលរៀនសូត្រអក្សរសាស្ត្រខ្មែរ ឲ្យបានច្បាស់លាស់នោះ ដែលចង់ថែរក្សានិងការពារអក្សរសាស្ត្រជាតិ និង វប្បធម៌ជាតិរបស់ខ្លួន ឲ្យបានគង់វង់តរៀងទៅ។

ការតាក់តែងសម្លេងអានពាក្យ នីមួយៗ គឺធ្វើទៅតាមសម្លេងពាក្យ នៃភាសាអាល្លឺម៉ង់មួយចំនួន តាមសម្លេងអានអន្តរជាតិខ្លះ និងខ្លះខាតនូវសម្លេងអានខ្លះទៀត ក៏ខ្ញុំរិះរកបង្កើតជាសម្លេងអាន មកផ្សំបង្គ្រប់ក្នុងការប្រើប្រាស់តាមស័ព្ទសម្លេងនៃអក្សរសាស្ត្រខ្មែរយើង ឲ្យមានលក្ខណៈគ្រប់គ្រាន់។
ពិតមែនហើយ ការអានសម្លេង តាមអក្សរតំណាងនេះ មិនបានច្បាស់ត្រឹមត្រូវ ពេញលក្ខណៈ តាមស័ព្ទសម្លេងនៃភាសាខ្មែរទេ ដូច្នេះទើបខ្ញុំធ្វើសម្លេងអាននៅក្នុងកាស់សែតជូនបន្ថែមទៀត ដើម្បីជួយសម្រួល ក្នុងការអានពាក្យនីមួយៗ ឲ្យបានច្បាស់លាស់ល្អ។

ខ្ញុំសូមឧទ្ទិស ឲ្យ សៀវភៅរៀនអានតូចនេះ មានជីវិតជាអមតៈ សម្រាប់បំរើលោកអ្នក ឲ្យបានគ្រប់ពេលវេលា តាមសេចក្ដីត្រូវការ។
ខ្ញុំសូមឧទ្ទិសពិសេសទៀត ឲ្យមនុញ្ញផលដែលកើតមានពីកម្លាំងកាយ កម្លាំងតម្រិះប្រាជ្ញាខ្ញុំ ដែលខ្ញុំបានទទួលការឧបត្ថម្ភ ពីលោកអ្នកដ៏មានគុណ ពោលគឺមាតាបិតា សូមឲ្យមហិទ្ធិឫទ្ធិបារមីទាំងអស់នោះ ជួយគាំទ្រ លោក-អ្នក ឲ្យឈោងបានដល់ឋានសុខស្ងួតទៅអនាគតកាល។

ខ្ញុំសង្ឃឹមច្បាស់ថា លោកអ្នក នឹងជួយកែសម្រួលវិញខ្លះ នូវការខុះឆ្គង មិនសមហេតុផល ដែលមានកើតឡើង ដោយអចេតនាក្តី ចេតនាក្តី ដើម្បីសម្រាំងទុកជាឧត្តមគតិតទៅ៕

តូ លឿយ

INHALTSVERZEICHNIS

Abschnitt I

Schrift und Aussprache

1. ALPHABET

AUSSPRACHE DES KHMER-ALPHABETS

Die Konsonanten werden in zwei Gruppen eingeteilt: die Kå-Gruppe und die Ko-Gruppe. Die Aussprache eines Vokals hängt davon ab, ob dieser mit einem Konsonanten der Gruppe Kå oder der Gruppe Ko kombiniert wird.

Gruppe Kå :

ក	ខ	ច	ឆ	ដ	ឋ	ណ	ត
k[å]	kh[å]	dj[å]	tch[å]	d[å]	th[å]	n[å]	t[å]
ថ	ប	ផ	ស	ហ	ឡ	អ	។
th[å]	b[å]	ph[å]	s[å]	h[å]	l[å]	[å]	

ា	ិ	ី	ឹ	ឺ	ុ	ូ	ួ	ើ	ឿ	ៀ
a	e'	ei	ö'	ö	o'	o	ua	aö	ör	ier

េ	ែ	ៃ	ោ	ៅ	ុំ	ំ	ាំ	ះ
e	ä	ai	ao[ɔ]	au	om	åm	am	as=ah

េះ	ុះ	ោះ	ឹះ
äs=äh	os=oh	ås=åh	ös=öh

Gruppe Ko:

គ	ឃ	ង	ជ	ឈ	ញ	ឌ	ឍ	ទ
k[o]	kh[o]	ng[o]	dj[o]	tch[o]	nj[o]	d[o]	th[ua]	t[o]
ធ	ន	ព	ភ	ម	យ	រ	ល	វ
th[o]	n[o]	p[o]	ph[o]	m[o]	j[o]	r[o]	l[o]	w[o]

ា	ិ	ី	ឹ	ឺ	ុ	ូ	ួ	ើ
ea	i’	i	oe’	oe	u’	u	ua	ö

ឿ	ៀ	េ	ែ	ៃ	ោ	ៅ	ុំ
ör	ier	e	eä	ey	oo	ow	um

ំ	ាំ	ះ	េះ	ុះ	ោះ
om	oam	eas=eah	eas=eah	us=uh	oas=oah

ិះ
is=ih

2. DRUCKSCHRIFT

KHMER-KONSONANTEN ព្យញ្ជនៈ

ក្ក	ខ្ខ	គ្គ	ឃ្ឃ	ង្ង
ច្ច	ឆ្ឆ	ជ្ជ	ឈ្ឈ	ញ្ញ
ដ្ដ	ឋ្ឋ	ឌ្ឌ	ឍ្ឍ	ណ្ណ
ត្ត	ថ្ថ	ទ្ទ	ធ្ធ	ន្ន
ប្ប	ផ្ផ	ព្ព	ភ្ភ	ម្ម
យ្យ	រ្រ	ល្ល	វ្វ	ស្ស
ហ្ហ	ឡ	អ្អ		

KHMER-VOKALE ស្រះនិស្ស័យ

ា ិ ី ឹ ឺ ុ ូ

ួ ើ ឿ ៀ េ ែ

ៃ ោ ៅ ុំ ំ ាំ

ះ េះ ុះ ោះ

INITIALVOKALE ស្រះពេញតួ

ឥ	ឦ	ឧ	ឪ	ឫ	ឬ
e'	ei	o'	ow	roe'	roe
ឭ	ឮ	ឯ	ឰ	ឱ	ឳ
loe'	loe	ä	ai	ao	au

3. HANDSCHRIFT

Konsonanten

ក	ខ	គ	ឃ	ង
ច	ឆ	ជ	ឈ	ញ
ដ	ឋ	ឌ	ឍ	ណ
ត	ថ	ទ	ធ	ន
ប	ផ	ព	ភ	ម
យ	រ	ល	វ	ស
ហ	ឡ	អ		

Vokale / Initialvokale / Umlaute und Zeichen

ា ិ ី ឹ ឺ ុ ូ ួ ើ

ឿ ៀ េ ែ ៃ ោ ៅ

ុំ ំ ាំ ះ េះ ុះ ោះ

ឥ ឦ ឧ ឩ ឬ ឫ

ឭ ឮ ឯ ឰ ឱ ឳ

ប៊ ស៊ ហ៊ អ៊

ង៉ ញ៉ ប៉ ម៉ យ៉ ៉ ៌

ៗ ៍ ៎ ៏ ័

4. LAUTSCHRIFT

a) Aussprache der Umschrift

Konsonanten

b	wie	**B**allon	**l**	wie	**L**otterie	**r**	wie	**R**adio
d	-	**D**ame	**m**	-	**M**utter	**s**	-	**S**ouvenir
dj	-	**Dsch**ungel	**n**	-	**N**ahrung	**t**	-	S**t**uhl
h	-	**H**aus	**ng**	-	Anfa**ng**	**tch**	-	Mä**dch**en
j	-	**j**a	**nj**	-	Champi**gn**on	**th**	-	**Th**erme
k	-	Eau de **C**ologne	**p**	-	S**p**ort	**w**	-	**W**ohnung
kh	-	**Kh**mer	**ph**	-	**P**aar			

Vokale

a (:)	-	**a**ber	**a**	+	Mehrfachkonsonanz	-	p**a**cken
e (:)	-	**e**ben	**e**	+	kk	-	D**e**cke
i (:)	-	g**i**bt	**i**	+	kk	-	d**i**ck
o (:)	-	**o**ben	**o**	+	kk	-	l**o**cken
u (:)	-	s**u**chen	**u**	+	kk	-	Gl**u**cke
ö (:)	-	L**ö**we	**oo**		(sehr lang)	-	M**oo**s
ör	-	Ingeni**eur**	**au**			-	**Au**to
ao	-	**o**ft	**ai**			-	**Ei**s
ei /ey	-	Mars**ei**lle	**ier**			-	pass**iert**
ua	-	**Uhr**					

b) Bedeutung phonetischer Zeichen

Der Apostroph ['] hinter den Vokalen a, e, i, o, ö, oe und u bezeichnet ihre Kürze (z.B.:a'-runn sua-sdei, ni'-jeaj, pi'-sa:, tu-ra'-sapt).

Der Bindestrich [-] verbindet zusammengesetzte Wörter (Komposita) zur besseren Übersicht und Aussprache (z.B.: sua-sdei, ...).

Der Doppelpunkt[:] hinter den Vokalen a, å, ä, e, i, o, ö und u kennzeichnet ihre Länge (z.B.: bång-ha:nj, pi-då:ng, phlö:ng).

Der Schrägstrich [/] steht für eine kurze Pause (z.B.: s/ä:k, tch/nga:j, l/å ...).

5. ZUSATZZEICHEN (DIAKRITIKA)

a) Ablaute

Treisapt [៊] ត្រីស័ព្ទ **(Ko-Gruppe)**

ប៊, ស៊, ហ៊, អ៊

bo, so, ho, o

Bånntåk pi [៉] បន្តក់ពីរ **(Kå-Gruppe)**

ង៉, ញ៉, ប៉, ម៉, យ៉, រ៉, វ៉

ngå, njå, på, må, jå, rå, wå

b) Anweisungen zur Aussprache

[់] [bånntåk muaj] បន្តក់មួយ = Kürze des Vokals

Beispiel: look jaol<u>l</u> te:? លោកយល់ទេ? Verstehen Sie?

[ៗ] [le:k too] លេខទោ = Wiederholung

Beispiel: so:m...joet-<u>joet</u>! សូម...យឺតៗ! bitte langsam!

[៍] [toanndeakkheat] ទណ្ឌឃាត = Verstummung

Beispiel: proette'-ka:r(<u>n</u>) ព្រឹត្តិការណ៍ Das Geschehen

[័] [sang-jookkeak-sanj-nja:] សំយោគសញ្ញា = Aussprache als «a »

Beispiel: tu-ra'-s<u>a</u>pt ទូរស័ព្ទ Das Telefon

[៌] [ro-ba:t] រេផ = Aussprache als « r »

Beispiel: po<u>r</u>då-mean ពត៌មាន Die Nachricht

[៏] [le:k assda:] លេខអស្តា = nur in Verbindung mit den folgenden 4 Buchstaben [ក៏=kå, ដ៏=då, ហ៏=hå, ន៏=no]. Aussprache als kå= ក, då= ដ, hå= ហ, no= ន .

Beispiele:

- thwö kå-daoj min thwö kå-daoj, ta:m-ba:n.
  ធ្វើក៏ដោយមិនធ្វើក៏ដោយ តាមបាន។
  Tu es oder tu es nicht, es ist egal.
- då-pråsaö nass! ដ៏ប្រសើរ ណាស់ ! Ausgezeichnet!
- hå jaok töw! ហ៏យកទៅ ! Nimm es doch!
- nus-no! នុះន៏ ! Das ist es!

[។] [khan] ខណ្ឌ = Interpunktionszeichen am Ende eines Satzes.

[៕] [khan djåb] ខណ្ឌចប់ = Interpunktionszeichen am Textende.

Abschnitt II

Allgemeine Kommunikationsformen

1. ERSTE BEGEGNUNGEN

A GRUßFORMELN / BEGRÜßUNG (gehobene Sprache)
[robierb djom-reab suar / kar koorop suar sok-tuk]
របៀបជំរាបសួរ / ការគោរពសួរសុខទុក្ខ

1. Guten Morgen Frau ... / Herr ... .
*a'-runn sua-sdei neak-srei ... / look.... .
អរុណ សួស្តី អ្នកស្រី ../. លោក ...។

2. Guten Tag Frau ... / Herr ... .
*ti'-wea sua-sdei neak-srei ... / look. ... .
ទិវា សួស្តី អ្នកស្រី .../ លោក ...។

3. Guten Abend Frau ... / Herr ... .
*sa-jonn sua-sdei neak-srei ... / look. ... .
សាយ័ណ្ហ សួស្តី អ្នកស្រី .../ លោក ...។

4. Gute Nacht Frau ... / Herr ... .
*rea-trei sua-sdei neak-srei ... / look ... .
រាត្រី សួស្តី អ្នកស្រី ../ លោក ...។

Diese Grußformeln sind in der Amtssprache üblich und werden im Alltag nicht benutzt. Sie werden aber oft in Spielfilmen, Theaterstücken und in der Literatur verwendet.

B GRUßFORMELN / BEGRÜßUNG (Umgangssprache)

[robierb djom-reab suar / kar koorop suar sok-tuk]

របៀបជំរាបសួរ /ការគោរពសួរសុខទុក្ខ (តាមទំនៀមទម្លាប់ខ្មែរ)

5. Ich grüße Sie, Frau ... / Herr ... .
   *khnjom so:m djom-reab suar, neak-srei ... / look ... .
   ខ្ញុំ សូម ជំរាបសួរ អ្នកស្រី .... / លោក ...។

6. Wie geht es Ihnen?
   *taö neak-srei (look) sok-sabba:j te:?
   តើ អ្នកស្រី(លោក) សុខសប្បាយ ទេ ?

7. Mir geht es gut. (und Ihnen ?)
   *khnjom sok-sabba:j. (djos neak-srei (look) winj ?)
   ខ្ញុំ សុខសប្បាយ។ (ចុះ អ្នកស្រី (លោក) វិញ ?)

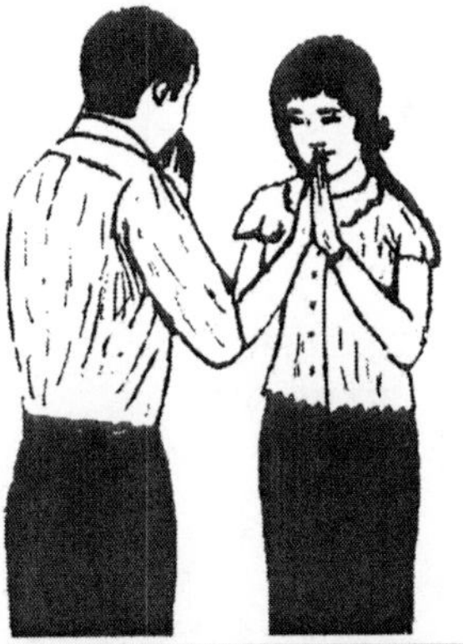

Die Grußformeln werden zu jeder Tageszeit häufig gebraucht. Dabei werden die Hände etwa in Höhe der Lippen zusammengelegt, und der Kopf wird etwas gesenkt.

C BEGRÜßUNG IN ÖFFENTLICHEN SITZUNGEN
[kar koorop pe:l prådjumm phlaow kar]
ការគោរព ពេលប្រជុំ ផ្លូវការ

1. Zuerst begrüße ich ...
*djea pa'-thoam khnjom so:m koorop ...
ជា បឋម ខ្ញុំ សូម គោរព...

a) den Vorsitzenden der Mönche,
*thwa:j-bång-kom preah sång krob preah-ång,
ថ្វាយបង្គំ ព្រះសង្ឃ គ្រប់ព្រះអង្គ,

b) Eure königliche Majestät,
*thwa:j-bång-kom preah-moha-ksatt, (preah-moha-ksattrija-ni:),
ថ្វាយបង្គំ ព្រះមហាក្សត្រ, (ព្រះមហាក្សត្រិយានី),

c) die Exzellenzen,
*ä:k-ottdåm, (look djom-teaw),
ឯកឧត្តម, (លោក ជំទាវ),

d) meine Damen und Herren.
*look srei noeng look teang-åss.
លោកស្រី និង លោក ទាំងអស់។

2. Ich begrüße...
*khnjom so:m koorop...
ខ្ញុំ សូម គោរព...

a) den Vorsitzenden der Versammlung,
*look pråthean ney ång prådjumm,
លោក ប្រធាន នៃ អង្គប្រជុំ,

b) meine Damen und Herren.
*neak-srei noeng look teang-åss.
អ្នកស្រី និង លោក ទាំងអស់។

(look pu:, look mi:ng , look ta:, look jeaj) *
លោកពូ, លោកមីង, លោកតា, លោកយាយ។

* Bei Arbeitern und Bauern sagt man:
look pu: = Onkel
look mi:ng = Tante
look ta: = Großvater
look jeaj = Großmutter

D BEKANNTMACHUNG / VORSTELLUNG / KENNENLERNEN

[kar bång-ha:nj aoj skoall / kar som skoall]

ការបង្ហាញឱ្យស្គាល់ / ការ សុំ ស្គាល់

1. Darf ich vorstellen?
*a'-nunj-nja:t aoj khnjom bång-ha:nj dju:n?
អនុញ្ញាត ឲ្យ ខ្ញុំ បង្ហាញ ជូន ?

2. Das ist Frau Müller.
*nis djea neak-srei Müller.
នេះ ជា អ្នកស្រី មុលល្យើរ។

3. Das ist Herr Müller.
*nis djea look Müller.
នេះ ជា លោក មុលល្យើរ។

4. Ich freue mich sehr, Sie kennenzulernen.
*khnjom sabba:j djett nass dä:l ba:n skoall neak-srei /look.
ខ្ញុំសប្បាយចិត្តណាស់ ដែលបានស្គាល់ អ្នកស្រី/ លោក។

5. Darf ich Ihnen meinen Mann (meine Frau) vorstellen?
* a'-nunj-nja:t aoj khnjom bång-ha:nj pdei khnjom
(pråponn khnjom) dju:n neak-srei (look)?
អនុញ្ញាតឲ្យខ្ញុំបង្ហាញ ប្ដីខ្ញុំ (ប្រពន្ធខ្ញុំ) ជូន អ្នកស្រី (លោក)?

6. Sehr erfreut, Sie kennenzulernen.
*sabba:j djett nass dä:l ba:n skoall neak-srei (look).
សប្បាយចិត្តណាស់ ដែលបានស្គាល់ អ្នកស្រី (លោក)។

E VERSTEHEN

[jaoll / djäs]

យល់ / ចេះ

1. Verstehen Sie mich, wenn ich Deutsch spreche?
*taö look jaoll te:, baö khnjom ni'-jeaj allömång?
តើលោកយល់ទេ បើខ្ញុំនិយាយ អាល្លឺម៉ង់?

2. Ich verstehe, was Sie sagen.
*khnjom jaoll, pea:k look ni'-jeaj.
ខ្ញុំយល់ ពាក្យ លោក និយាយ។

3. Sprechen Sie auch Englisch?
*taö look ni'-jeaj pheasa ångles dä roe?
តើលោក និយាយ ភាសា អង្លេស ដែរ ឬ?

4. Ich verstehe kein Englisch.
*khnjom min jaoll (djäs) te pheasa ångles.
ខ្ញុំមិនយល់ (ចេះ) ទេ ភាសា អង្លេស។

F SICH NACH DEM BEFINDEN ERKUNDIGEN
[kar suar dåmnöng pi sokkha'-pheap]
ការ សួរ ដំណឹង ពី សុខភាព

1. Wie geht es Ihnen?
*taö look sok-sabba:j roe ja:ng na:?
តើ លោក សុខសប្បាយ ឬ យ៉ាងណា?

2. Und wie geht es Ihrer Frau?
*haöj neak-srei (pråponn look) winj?
ហើយ អ្នកស្រី (ប្រពន្ធ លោក) វិញ ?

3. Geht es Ihnen wieder besser?
*taö look mean sokkha'-pheap l/å djea:ng munn roe?
តើ លោក មាន សុខភាព ល្អ ជាង មុន ឬ ?

4. Es geht mir besser.
*khnjom mean sokkha'-pheap l/å djea:ng munn.
ខ្ញុំ មាន សុខភាព ល្អ ជាង មុន។

Gesundheitszustand: [stha:na'-pheap ney sokkha'-pheap]

gut	* l/å	ល្អ
ausgezeichnet	* l/å pråsaö	ល្អប្រសើរ
sehr gut	* l/å nass	ល្អណាស់
besser	* l/å djea:ng munn	ល្អជាងមុន
nicht gut	* min l/å	មិនល្អ
schlecht	* a-kråk	អាក្រក់

2. FRAGEN STELLEN UND BEANTWORTEN

A GIBT ES... / HABEN SIE ...?
[mean te / taö look mean...?]
មាន ទេ / តើ លោកមាន..?

1. Gibt es in der Nähe ein Lebensmittelgeschäft?
*now djitt-kha:ng nis mean ha:ng lok khrörng båri'-phook te?
នៅជិតខាងនេះ មានហាងលក់គ្រឿងបរិភោគ ទេ?

2. Nein, es gibt hier keins.
*te, min mean te.
ទេ មិនមានទេ។

3. Gibt es hier eine Apotheke?
*now ti-nis mean (o-sott-sthan) phteas lok thnam pet te?
នៅទីនេះ មាន (ឱសថស្ថាន) ផ្ទះ លក់ ថ្នាំពេទ្យ ទេ?

4. Ja, es gibt hier eine Apotheke.
*ba:t (dja:s) now ti-nis mean phteas lok thnam pet muaj.
បាទ (ចាស) នៅទីនេះ មានផ្ទះលក់ថ្នាំពេទ្យមួយ។

5. Haben Sie ausländische Zeitungen?
*taö look mean ka-sä:t bårte:s te?
តើលោក មាន កាសែត បរទេស ទេ?

6. Ja, aber ich habe nur deutsche Zeitungen.
*ba:t, (dja:s) ponntä khnjom mean tä: ka-sä:t allömång.
បាទ,(ចាស) ប៉ុន្តែ ខ្ញុំមានតែ កាសែត អាល្លឺម៉ង់។

B WOHER..., WOHIN..., WO IST...?

[maok pi na..., tow na..., now äna...?]

មកពីណា ទៅណា នៅឯណា?

1. Wo wohnen Sie?
   *taö look (neak-srei) now äna?
   តើលោក (អ្នកស្រី) នៅឯណា?

2. Ich wohne in Phnom Penh.
   *khnjom now phnom penh.
   ខ្ញុំ នៅ ភ្នំពេញ។

3. Woher kommen Sie?
   *look anj-djö:nj maok pi na?
   លោក អញ្ជើញ មកពីណា?

4. Ich komme aus Deutschland.
   *khnjom maok pi pråte:s allömång.
   ខ្ញុំ មកពីប្រទេស អាល្លឺម៉ង់។

5. Wohin fahren Sie?
   *look anj-djö:nj tow na?
   លោក អញ្ជើញ ទៅណា?

6. Ich fahre nach Battambang.
   *khnjom tow battdåmbå:ng.
   ខ្ញុំ ទៅ បាត់ដំបង។

7. Wissen Sie, wo der Bahnhof ist?
   *taö look döng te, stha-ni rott-phlö:ng now äna?
   តើលោកដឹងទេ ស្ថានីរថភ្លើងនៅឯណា?

8. Da, ca.100 m auf der rechten Seite.
   *nus, prahä:l muaj roj mä:t now kha:ng sdam dai.
   នោះ,ប្រហែលមួយរយម៉ែត្រនៅខាងស្តាំដៃ។

9. Wo ist der Ausgang?
   *äna phlaow djenj?
   ឯណាផ្លូវចេញ?

10. hier / da / dort
    *nis / nus / änos
    នេះ / នោះ / ឯណោះ

11. Wo ist das Schreiben?
    *äna li'-khett nus?
    ឯណាលិខិត នោះ?

12. auf / in dem Schreibtisch.
    *lö / khnong tok så-se.
    លើ / ក្នុងតុ សរសេរ។

C BESTÄTIGUNG / VERNEINUNG
[kar bånj-djeak / kar min jaoll-pro:m]
ការបញ្ជាក់ / ការមិនយល់ព្រម

1. Könnte ich meinen Paß morgen abholen?
*taö khnjom a:dj som jaok passpor khnjom s/ä:k ba:n te?
តើខ្ញុំ អាចសុំយក ប៉ាស្ប៉ោរខ្ញុំ ស្អែកបាន ទេ?

2. Ja, Sie können vorbeikommen.
*ba:t (dja:s), neak-srei (look) a:dj anj-djö:nj maok-jaok ba:n.
បាទ(ចាស), អ្នកស្រី(លោក) អាចអញ្ជើញមកយក បាន។

3. Nein, Ihr Paß ist noch nicht fertig.
*te:, passpor neak-srei (look) now twö min toann ruadj te.
ទេ ប៉ាស្ប៉ោរ អ្នកស្រី(លោក) នៅធ្វើ មិនទាន់រួច ទេ។

4. Sie können Ihren Paß nächste Woche abholen.
*neak-srei (look) a:dj jaok passpor neak-srei (look) ba:n now a-titt kraoj.
អ្នកស្រី (លោក) អាចយកប៉ាស្ប៉ោរ អ្នកស្រី (លោក) បាន នៅអាទិត្យក្រោយ។

5. Darf ich einmal telefonieren?
*a'-nunj-nja:t aoj khnjom ni'-jeaj tu-ra'-sapt m/då:ng ba:n te?
អនុញ្ញាត ឲ្យខ្ញុំនិយាយទូរស័ព្ទ ម្តងបានទេ?

6. Bitte, hier ist der Apparat.
*so:m anj-djö:nj, nis djea prådab såmrab ni'-jeaj.
សូមអញ្ជើញ នេះជាប្រដាប់សម្រាប់និយាយ។

7. Nein, es geht leider nicht.
* te, min ba:n te.
ទេ មិនបាន ទេ។

D WANN BEGINNT... / ERÖFFNET ... / FÄHRT AB ...?
[kalna djab-ph/daöm ... / baök ... / djenj dåmnaö ...?]
កាលណា ចាប់ផ្ដើម... / បើក... / ចេញដំណើរ...?

1. Wann beginnt die Veranstaltung?
*taö kalna djab-ph/daöm kar djuab-djumm khnea?
តើ កាលណា ចាប់ផ្ដើម ការជួបជុំគ្នា ?

2. Wann öffnet die Ausstellung?
*taö kalna ke baök kar tang pi'-por?
តើ កាលណា គេ បើក ការតាំង ពិព័រណ៌?

3. Die Austellung wird morgen um acht Uhr eröffnet.
*kar tang pi'-por trow ke baök now th/ngai s/ä:k maong prambei.
ការតាំងពិព័រណ៌ ត្រូវគេបើក នៅថ្ងៃស្អែកម៉ោងប្រាំបី។

4. Wann fährt der Bus ab?
*taö kalna la:n bis (la:n tch/nual) djenj dåmnaö?
តើ កាលណា ឡានបិស(ឡានឈ្នួល) ចេញ ដំណើរ?

5. Um wieviel Uhr fährt der Zug nach Battambang?
*taö rott-phlö:ng djenj dämnaö tow battdåmbå:ng maong ponnma:n?
តើ រថភ្លើង ចេញដំណើរ ទៅបាត់ដំបង ម៉ោងប៉ុន្មាន?

6. Wie viele Stunden brauchen wir?
*taö jö:ng trow-kar pe:l ponnma:n maong?
តើ យើងត្រូវការ ពេល ប៉ុន្មានម៉ោង?

7. Wir brauchen ungefähr fünf Stunden.
*jö:ng trow-kar pe:l pråhä:l pram maong.
យើងត្រូវការ ពេល ប្រហែល ប្រាំម៉ោង។

E WAS BEDEUTET... / WIE HEIßT (DAS...) AUF (SPRACHE)?
[mean ney do:dj-mdedj / tchmoas awey?]
មានន័យ ដូច ម្ដេច / ឈ្មោះ អ្វី?

1. Was bedeutet dieses Schild?
*taö pa:j nis mean ney do:dj-mdedj?
តើ ប៉ាយ នេះ មាន ន័យ ដូច ម្ដេច?

2. Dieses Schild bedeutet « Ruhe bitte! »
*pa:j nis mean ney tha « so:m s/ngatt! »
ប៉ាយនេះមានន័យថា « សូមស្ងាត់! »។

3. Was bedeutet dieses Wort?
*taö pea:k nis mean ney do:dj- mdedj?
តើ ពាក្យនេះ មានន័យ ដូច ម្ដេច?

4. Wie heißt das?
*robass nis tch/moas awey?
របស់ នេះ ឈ្មោះ អ្វី?

5. Wie heißt « Toilette » auf kambodschanisch?
*taö « Toilette » khmer hau awey?
តើ « Toilette » ខ្មែរ ហៅ អ្វី?

6. «Toilette » heißt « bång-koann ».
*«Toilette » khmer hau «bång-koann ».
«Toilette » ខ្មែរ ហៅ « បង្គន់ »។

7. Ich bedanke mich dafür.
*khnjom so:m å-kunn.
ខ្ញុំ សូម អរគុណ។

F BITTE SAGEN SIE MIR, OB... / WANN ...!

[so:m look prab khnjom, taö pe:lna ..(kalna)...!]

សូមលោក ប្រាប់ខ្ញុំ តើពេលណា... (កាលណា)...!

1. Bitte sagen Sie mir, ob die Feier heute stattfindet!
   *so:m look prab khnjom, baö pi'-thi-bonn thwö laöng th/ngnai nis!
   សូមលោក ប្រាប់ខ្ញុំ បើ ពិធីបុណ្យ ធ្វើឡើង ថ្ងៃនេះ!

2. Ja, sie findet heute statt.
   *ba:t, ke (rierb-djåm) thwö laöng th/ngai noeng.
   បាទ គេ (រៀបចំ) ធ្វើឡើង ថ្ងៃហ្នឹង។

3. Sagen Sie mir bitte, wann die Konferenz morgen stattfindet!
   *so:m look prab khnjom, pe:lna kar prå-djumm pråpritt laöng th/ngai s/ä:k!
   សូមលោក ប្រាប់ខ្ញុំ ពេលណា ការប្រជុំ ប្រព្រឹត្តឡើង ថ្ងៃស្អែក!

4. Morgen um acht Uhr findet die Konferenz statt.
   *th/ngai s/ä:k maong prambei kar prå-djumm pråpritt laöng.
   ថ្ងៃស្អែក ម៉ោងប្រាំបី ការប្រជុំ ប្រព្រឹត្តឡើង។

5. Sprechen wir über unser Geschäft!
   *jö:ng ni'-jeaj lö rörng djomnuanj robåss jö:ng!
   យើង និយាយ លើរឿង ជំនួញ របស់ យើង!

6. Heute nachmittag sprechen wir über unser Geschäft.
   *now pe:l rosierl th/ngai nis jö:ng ni'-neaj lö rörng djomnuanj robåss jö:ng.
   នៅពេលរសៀល ថ្ងៃនេះ យើងនិយាយលើរឿង ជំនួញរបស់យើង។

7. Sprechen wir bitte über Ihre Pläne (Ihr Vorhaben).
   *so:m jö:ng ni'-jeaj lö phä:n-kar (komroongkar) robåss look.
   សូមយើង និយាយ លើ ផែនការ (គម្រោងការ) របស់លោក។

G IST ES MÖGLICH ... / NOTWENDIG...?

[mean lattha'-pheap / mean kar djambadj roe...?]

មាន លទ្ធភាព / មានការ ចាំបាច់ ឬ...?

1. Ist es möglich, heute noch nach Phnom Penh zu kommen?
*taö mean lattha'-pheap te:, th/ngai noeng tow dåll phnom penh tiert?
តើមាន លទ្ធភាព ទេ ថ្ងៃហ្នឹង ទៅដល់ ភ្នំពេញ ទៀត?

2. Es ist unmöglich, heute noch nach Phnom Penh zu kommen.
*khmean lattha'-pheap te:, th/ngai noeng tow dåll phnom penh tiert.
គ្មាន លទ្ធភាពទេ ថ្ងៃហ្នឹង ទៅដល់ ភ្នំពេញ ទៀត។

3. Ist es möglich, das Auto zu reparieren?
*taö mean lattha'-pheap te:, djuas-djull la:n nis?
តើមាន លទ្ធភាព ទេ ជួសជុល ឡាន នេះ?

4. Ist es notwendig, ihn anzurufen?
*mean kar djambadj roe, ni'-jeaj tu-ra'-sapt tow koatt?
មាន ការចាំបាច់ ឬ និយាយ ទូរស័ព្ទ ទៅ គាត់?

5. Es ist nicht notwendig anzurufen.
*min mean kar djambadj te: ni'-jeaj tu-ra'-sapt.
មិនមាន ការចាំបាច់ ទេ និយាយ ទូរស័ព្ទ។

6. Ist es notwendig, heute noch zu kommen?
*mean kar djambadj roe, maok th/ngai noeng tiert?
មាន ការចាំបាច់ ឬ មក ថ្ងៃហ្នឹង ទៀត?

7. Ich habe heute einen wichtigen Termin vereinbart.
*th/ngai noeng khnjom mean kar kåmnått pe:l djuab khnea ja:ng såmkhan.
ថ្ងៃហ្នឹង ខ្ញុំមាន ការកំណត់ពេលជួបគ្នា យ៉ាងសំខាន់។

H WANN KANN ICH, DARF ICH / KÖNNEN SIE ..?

[kalna khnjom a:dj / kalna look a:dj...?

កាលណាខ្ញុំអាច / កាលណាលោកអាច...?

1. Wann kann ich kommen?
*kalna khnjom a:dj maok?
កាលណា ខ្ញុំអាច មក?

2. Wann kann ich Sie anrufen?
*kalna khnjom a:dj ni'-jeaj tu-ra'-sapt tow look?
កាលណា ខ្ញុំអាច និយាយ ទូរស័ព្ទ ទៅ លោក?

3. Sie können mich heute Mittag anrufen.
*look a:dj ni'-jeaj tu-ra'-sapt maok khnjom pe:l th/ngai trång th/ngai nis.
លោក អាចនិយាយ ទូរស័ព្ទមកខ្ញុំ ពេលថ្ងៃត្រង់ ថ្ងៃនេះ។

4. Wann können Sie mich abholen?
*kalna look a:dj anj-djö:nj maok jaok khnjom?
កាលណា លោកអាច អញ្ជើញ មកយក ខ្ញុំ?

5. Ich hole Sie heute Nachmittag um drei Uhr ab.
*khnjom maok jaok look th/ngai nis maong bei rosierl.
ខ្ញុំ មកយក លោក ថ្ងៃនេះ ម៉ោងបី រសៀល។

6. Wann können Sie mich untersuchen?
*kalna look a:dj anj-djö:nj pi'-nitt rook khnjom?
កាលណា លោកអាច អញ្ជើញ ពិនិត្យរោគ ខ្ញុំ?

7. Ein Moment bitte, der Oberarzt kommt gleich!
*so:m rong-djam båntedj, look kru-pet-neajok anj-djö:nj maok eilow!
សូមរង់ចាំបន្តិច លោកគ្រូពេទ្យនាយក អញ្ជើញមកឥឡូវ!

I VON WEM... / FÜR WEN IST ...?
[maok pi neak na: / såmrab neak na:...?
មកពី អ្នកណា / សំរាប់ អ្នកណា...?

1. Von wem ist diese Nachricht?
*pordåmean nis maok pi neak na:?
ព័ត៌មាន នេះ មក ពី អ្នកណា?

2. Vom Postbeamten.
*maok pi ph/neak-ngea prai-sa'-ni:
មកពីភ្នាក់ងារ ប្រៃសណីយ៍។

3. Wem gehört das Haus? / Wessen Haus ist das?
*neak na mean kammsitt lö phteas nis?
អ្នកណា មាន កម្មសិទ្ធិ លើ ផ្ទះ នេះ?

4. Von wem ist das Geschenk?
*djomnun nis maok pi neak na:?
ជំនូន នេះ មក ពី អ្នក ណា?

5. Von meinen Eltern.
*maok pi meada-beida khnjom.
មកពី មាតាបិតាខ្ញុំ។

6. Für wen ist das Geld?
*prak nis såmrab neak na:?
ប្រាក់ នេះ សម្រាប់ អ្នក ណា?

7. Für die Arbeiter.
*såmrab kamma'-kå:r.
សម្រាប់ កម្មករ។

J WOFÜR ? [såmrab thwö awey?]
សម្រាប់ ធ្វើ អ្វី?

1. Wofür ist das?
*robåss nis såmrab thwö awey?
របស់ នេះ សម្រាប់ ធ្វើ អ្វី?

2. Wofür ist das Gerät?
*prådab-pråda: nis såmrab thwö awey?
ប្រដាប់ប្រដា នេះ សម្រាប់ ធ្វើ អ្វី?

3. Wofür ist das Material?
*såmpheareak nis såmrab thwö awey?
សម្ភារៈ នេះ សម្រាប់ ធ្វើ អ្វី ?

4. Für die Werkstatt.
*såmrab roong djea:ng.
សម្រាប់រោងជាង។

K WORUM GEHT ES? / WOVON HANDELT ES?
[taö maok pi awey? / taö ni'-jeaj pi awey?]
តើ មក ពីអ្វី? / តើ និយាយ ពីអ្វី?

1. Worum geht es?
*taö wea mean panj-nja'-ha (rö:ng) maok pi awey?
តើ វាមានបញ្ហា (រឿង) មកពី អ្វី ?

2. Es geht um den Film.
*wea mean maok pi film
វាមានមកពីហ្វិល។

3. Wovon handelt das Buch?
*taö sierw-phow nis ni'-jeaj pi awey?
តើសៀវភៅនេះ និយាយ ពីអ្វី?

4. Es handelt von der Geschichte Kambodschas.
*wea ni'-jeaj pi prå-watte'-sa:st kampuchea.
វានិយាយ ពីប្រវត្តិសាស្រ្ត កម្ពុជា។

L WIE STEHT ES?
[taö wea mean djomho (sthana'-pheap) do:dj-mdedj?]
តើ វាមានជំហរ (ស្ថានភាព) ដូច ម្តេច ?

1. Wie steht es?
*taö wea mean djomho (mean sthana'-pheap) do:dj-mdedj?
តើ វាមានជំហរ (មានស្ថានភាព) ដូច ម្តេច?

2. Es geht voran.
*wea tow muk haöj.
វា ទៅមុខ ហើយ។

3. Wie sind die Aussichten?
*taö mean tittha'-pheap do:dj-mdedj?
តើ មាន ទិដ្ឋភាព ដូច ម្តេច?

4. Sie sind gut.
*wea l/å haöj.
វាល្អហើយ។

M IST...SCHON FERTIG / ERLEDIGT?
[ruadj haöj roe? / såmradj haöj roe?]
រួចហើយឬ? / សម្រេចហើយឬ?

1. Ist der Vortrag schon fertig?
   *taö kar thwö sånteak-ra'-keaktha: ruadj haöj roe?
   តើការធ្វើសន្ទរគថា រួចហើយឬ?

2. Ja, es ist fertig.
   *ba:t (dja:s), ruadj haöj.
   បាទ (ចាស) រួចហើយ។

3. Ist die Wäsche schon fertig?
   *taö khao-a:w ruadj haöj roe?
   តើ ខោអាវ រួចហើយឬ?

4. Nein, sie ist noch nicht fertig.
   *te:, wea min toann ruadj te:
   ទេ វាមិនទាន់រួចទេ។

5. Wann ist sie fertig?
   *taö kalna wea ruadj?
   តើកាលណា វារួច?

6. Ist der Auftrag schon erledigt?
   *taö kar kommång såmradj haöj roe?
   តើ ការកុំម៉ង់ សម្រេច ហើយ ឬ?

7. Ja, er ist schon erledigt.
   *ba:t (dja:s), wea ba:n såmradj haöj.
   បាទ (ចាស) វាបានសម្រេចហើយ។

N WIEVIEL / E IST / SIND ...?

[trow-djea ponnma:n ... ? « oder » taö mean ponnma:n ...?]

ត្រូវជា ប៉ុន្មាន ...? ឬ តើ មាន ប៉ុន្មាន ...?

1. Wieviel Riel sind das? (das = robåss nis / robåss noeng)
   *robåss nis trow djea ponnma:n riel?
   របស់នេះ ត្រូវ ជា ប៉ុន្មាន រៀល?

2. Wieviel ist es?
   *trow djea ponnma:n?
   ត្រូវជា ប៉ុន្មាន?

3. Wieviel kostet das?
   *robåss noeng th/lai ponnma:n?
   របស់ហ្នឹង ថ្លៃ ប៉ុន្មាន?

   -20 Riel.
   *mophey riel.
   ម្ភៃ រៀល

4. Wie viele Leute sind da?
   *mean monuss ponnma:n neak ti-nus?
   មានមនុស្ស ប៉ុន្មាន នាក់ ទីនោះ?

   -10 Personen.
   *dåbb neak.
   ដប់ នាក់

5. Wieviel Prozent sind das?
   *taö mean ponnma:n phea:k-roj?
   តើ មាន ប៉ុន្មាន ភាគរយ?

   - 3 Prozent.
   *bei phea:k-roj.
   បី ភាគរយ

6. Wie viele Tage möchten Sie hier bleiben?
   *taö look djång now ti-nis ponnma:n th/ngai?
   តើ លោក ចង់នៅ ទីនេះ ប៉ុន្មាន ថ្ងៃ ?

   - 12 Tage.
   *dåbb pi th/ngai.
   ដប់ពីរ ថ្ងៃ

7. Wie viele Jahre waren Sie in Kambodscha?
   *taö neak-srei (look) ba:n now srok khmer ponnma:n tch/nam?
   តើ អ្នកស្រី(លោក) បាននៅ ស្រុកខ្មែរ ប៉ុន្មាន ឆ្នាំ?

   - 2 Jahre.
   *pi tch/nam.
   ពីរ ឆ្នាំ។

O TERMINE / TELEFONIEREN / PREISE / ENTFERNUNGEN / MASSE

1. Ich möchte gern einen Termin verabreden (vereinbaren).
   *khnjom djång ba:n kåmnått pe:l djuab pi'-pheaksa:.
   ខ្ញុំចង់បាន កំណត់ពេល ជួប ពិភាក្សា។

2. Wann treffen wir uns? - Wo?
   *kalna jö:ng djuab khnea? *now äna:?
   កាលណា យើង ជួប គ្នា? នៅ ឯ ណា?

3. Wir treffen uns morgen. - Im Büro.
   *jö:ng djuab khnea th/ngai s/ä:k. *now karijalai.
   យើង ជួប គ្នា ថ្ងៃ ស្អែក នៅ ការិយាល័យ។

4. Wie ist Ihre Telefonnummer?
   *taö le:k tu-ra'-sapt look mean do:dj-mdedj?
   តើលេខទូរស័ព្ទលោក មានដូចម្តេច?

5. Meine Telefonnummer ist: 02641/ 21523
   *le:k tu-ra'-sapt khnjom mean:
   so:n pi prammuaj buan muaj / pi muaj pram pi bei
   លេខទូរស័ព្ទខ្ញុំមាន: សូន្យ ពីរ ប្រាំមួយ បួន មួយ / ពីរ មួយ ប្រាំ ពីរ បី។

6. Wie teuer ist das?
   *robåss nis th/lai ponnma:n?
   របស់នេះ ថ្លៃប៉ុន្មាន?

7. Zusammen 600 Riel.
   *teang-åss prammuaj roj riel.
   ទាំងអស់ ប្រាំមួយរយរៀល។

8. Wie weit ist das (von hier entfernt)?
*taö wea tch/nga:j ponnma:n (pi ti-nis tow)?
តើ វាឆ្ងាយ ប៉ុន្មាន (ពីទីនេះទៅ)?

9. 35 km.
*samsebb pram kilomä:t.
សាមសិបប្រាំ គីឡូម៉ែត្រ។

10. Wie lang ist das?
*taö robåss nis pråwä:ng ponnma:n?
តើ របស់នេះ ប្រវែង ប៉ុន្មាន?

11. 4,20 m.
*buan mä:t mophey.
បួនម៉ែត្រ ម្ភៃ។

12. Wie groß ist Ihre Wohnung?
*taö phteas-l/we:ng look thom ponnma:n?
តើ ផ្ទះល្វែង លោក ធំប៉ុន្មាន?

13. 250 m^2
*pi roj hasebb mä:t kråla:
ពីររយហាសិបម៉ែត្រក្រឡា។

14. Wie schwer ist das / Wieviel wiegt das?
*taö robåss nis th/ngonn ponnma:n ?
តើ របស់នេះ ធ្ងន់ ប៉ុន្មាន?

15. 2,50kg.
*pi kilo kånnlas.
ពីរ គីឡូ កន្លះ។

* * * * * * * * * *

3. GRüNDE ERFRAGEN UND ANGEBEN

A WARUM ...?
[hä:t awey ...?]
ហេតុអ្វី...?

1. Warum können wir hier nicht parken?
*hä:t awey jö:ng min a:dj djå:t ti-nis ba:n?
ហេតុអ្វី យើង មិនអាច ចត ទីនេះ បាន?

2. Warum darf ich nicht durchgehen (durchfahren)?
*hä:t awey min a'-nunj-nja:t aoj khnjom daö tch/lå:ng (baök tch/lå:ng)?
ហេតុអ្វី មិន អនុញ្ញាត ឲ្យខ្ញុំ ដើរឆ្លង (បើកឆ្លង)?

3. Warum ist hier gesperrt (geschlossen)?
*hä:t awey ba:n djea ke kheang (ke bött)?
ហេតុអ្វី បានជា គេ ឃាំង (គេ បិទ)?

B SO DAß ...
[toall-tä: / thwö aoj toall-tä: ...]
ទាល់តែ / ធ្វើ ឲ្យ ទាល់តែ...

1. Die Sonne blendet, so daß man nichts sehen kann.
*th/ngai djang phne:k, toall-tä: ke min a:dj mö:l awey khö:nj sås.
ថ្ងៃចាំងភ្នែក ទាល់តែគេ មិនអាចមើលអ្វី ឃើញសោះ។

2. Die Straße ist sehr schlecht, so daß es unmöglich ist durchzukommen.
*ph/laow a-kråk nass, thwö aoj toall-tä: khmean lattha'-pheap maok dåll.
ផ្លូវអាក្រក់ណាស់ ធ្វើឲ្យទាល់តែ គ្មាន លទ្ធភាព មកដល់។

C DAMIT... / (UM) ZU...

[daömbei...]

ដើម្បី ...

1. Beeilen Sie sich bitte, damit wir rechtzeitig fertig werden.
*so:m jö:ng prå-njab-prå-njall, daömbei jö:ng noeng thwö ruadj ta:m kåmnått pe:l.
សូមយើងប្រញាប់ប្រញាល់, ដើម្បីយើងនឹងធ្វើរួចតាមកំណត់ពេល។

2. Wir bemühen uns sehr, die Lage zu verbessern.
*jö:ng khåm-pröng thwö kar nass, daömbei kä: sthana'-pheap aoj l/å pråsaö laöng.
យើងខំប្រឹងធ្វើការណាស់ ដើម្បីកែស្ថានភាពឲ្យល្អប្រសើរឡើង។

3. Ich habe mehrmals telefoniert, um die Angelegenheit zu beschleunigen.
*khnjom ba:n ni'-jeaj tu-ra'-sapt djraön då:ng, daömbei djomrunj kedj-kar aoj lörn tow muk.
ខ្ញុំបាននិយាយទូរស័ព្ទច្រើនដង ដើម្បីជំរុញកិច្ចការឲ្យលឿនទៅមុខ។

D WENN...

[baö...]

បើ ...

1. Wenn wir gut zusammenarbeiten, wird das Projekt gelingen.
*baö jö:ng thwö kar l/å ruam khnea, komroong-kar noeng ba:n såmradj.
បើយើង ធ្វើការល្អ រួមគ្នា គម្រោងការ នឹងបានសម្រេច។

2. Wenn er kommt, sagen Sie ihm bitte, wo ich (zu erreichen) bin.
*baö kalna koatt maok, so:m look prab koatt, kånlä:ng dä:l khnjom now.
បើកាលណា គាត់មក សូមលោកប្រាប់គាត់ កន្លែងដែលខ្ញុំនៅ។

3. Wenn er nicht da ist, fragen Sie bitte, wo ich ihn erreichen kann.
*baö koatt min now, so:m look suar, tha taö khnjom a:dj teak-to:ng koatt now äna.
បើគាត់មិននៅ សូមលោកសួរ ថាតើខ្ញុំអាចទាក់ទងគាត់នៅឯណា។

4. Wenn er kommt, soll er mich sofort anrufen.
*baö koatt maok dåll, so:m aoj koatt ni'-jeaj tu-ra'-sapt tow khnjom phleam.
បើគាត់ មកដល់ សូមឲ្យគាត់ និយាយទូរស័ព្ទ ទៅខ្ញុំភ្លាម។

E WEIL / WEGEN / DURCH / OBWOHL
[piproas / daoj-sa-tä / ta:m-rojeak / thwey-baö
ពីព្រោះ /ដោយសារតែ / តាមរយៈ / ថ្វីបើ

1. Ich kann nicht zur Besprechung kommen, weil ich krank bin.
* khnjom min a:dj maok djo:l ruam khnong kar sånnteak-nea ba:n, piproas khnjom tchoe.
ខ្ញុំមិនអាចមកចូលរួមក្នុងការសន្ទនាបាន ពីព្រោះខ្ញុំឈឺ។

2. Ich habe mehrmals die Ruine Angkor besucht, weil ich die alte Khmer-kultur studieren will.
* khnjom ba:n toassa'-na: prasa:t bo-ra:n angko djea djraön då:ng piproas khnjom djång sek-sa: pi wabpa'-thor bo-ra:n khmer.
ខ្ញុំបានទស្សនាប្រាសាទបូរាណអង្គរជាច្រើនដង ពីព្រោះខ្ញុំចង់សិក្សាពីវប្បធម៌បូរាណខ្មែរ។

3. Wegen des Unfalls muß er sich im Krankenhaus untersuchen lassen.
* daoj-sa-tä kroas-thnak koatt trow tä aoj ke pi'-nitt koatt now monnti pet.
ដោយសារតែគ្រោះថ្នាក់ គាត់ត្រូវតែឲ្យគេពិនិត្យគាត់នៅមន្ទីរពេទ្យ។

4. Durch die humanitäre Hilfe können die Flüchtlinge überleben.
  * ta:m rojeak djomnuaj monussa'-thor djonn phiers-khluan a:dj mean djiwitt ross båntå tiert.
  តាមរយៈ ជំនួយមនុស្សធម៌ ជនភៀសខ្លួន អាចមាន ជីវិតរស់ បន្តទៀត។

5. Obwohl die kambodschanische Sprache schwierig ist, versuche ich sie zu erlernen.
  * thwey-baö pheasa khmer pi'-ba:k, khnjom sa:k-l/bå:ng daömbei riern wea.
  ថ្វីបើ ភាសាខ្មែរ ពិបាក ខ្ញុំ សាកល្បង ដើម្បី រៀន វា។

* * * * * * * * *

4. BITTEN / ANLIEGEN

A HÖFLICHE AUFFORDERUNGEN

[kar ni'-jeaj (kar anj-djö:nj) daoj pea:k kuar-såm]

ការនិយាយ (ការអញ្ជើញ) ដោយពាក្យគួរសម

1. Bitte nehmen Sie Platz!
*so:m look anj-djö:nj ång-kuj!
សូម លោក អញ្ជើញ អង្គុយ!

2. Bitte geben Sie mir Ihre Adresse!
*so:m look aoj a-sai-ja'-tha:n look maok khnjom!
សូម លោក ឲ្យអាសយដ្ឋាន លោក មក ខ្ញុំ!

3. Bitte zeigen Sie mir, wo das Cambodiana-Hotel ist!
*so:m look djång-oll prab (bångha:nj) khnjom, äna: såntha-kea kambodiana!
សូម លោកចង្អុលប្រាប់ (បង្ហាញ) ខ្ញុំ ឯណា សណ្ឋាគារ កាំបូឌីយ៉ាណា!

4. Bitte verbinden Sie mich mit Herrn Dr. Hans Müller!
*so:m look bånntå aoj khnjom djea muaj look wedjeak-bånnditt Hans Müller!
សូមលោកបន្តឲ្យខ្ញុំ ជាមួយ លោក វេជ្ជបណ្ឌិត ហាន្ស មុលលៀរ!

5. Bitte zeigen Sie mir, wie das geht ! (= funktioniert!)
*so:m look djuaj bång-ha:nj khnjom, taö robåss nis ke praö do:dj-mdedj!
សូមលោក ជួយបង្ហាញខ្ញុំ តើរបស់នេះ គេប្រើ ដូចម្ដេច!

B HILFE ERBITTEN
[som djom-nuaj]
សុំ ជំនួយ

1. Würden Sie mir bitte helfen?
*so:m look meta djuaj khnjom phå:ng?
សូម លោក មេត្តា ជួយ ខ្ញុំ ផង ?

2. Bitte können Sie mir das Wort übersetzen?
*so:m look djuaj bå:k-prä pea:k nis aoj khnjom ba:n te?
សូមលោក ជួយបកប្រែ ពាក្យនេះ ឲ្យខ្ញុំ បានទេ?

3. Würden Sie mir ein Zimmer besorgen?
*so:m look meta djuaj raok aoj ba:n bånntob muaj såmrab khnjom phå:ng?
សូម លោក មេត្តា ជួយរក ឲ្យបាន បន្ទប់ មួយ សម្រាប់ ខ្ញុំ ផង ?

4. Hätten Sie Einzel- oder Doppelzimmer?
*look djång-ba:n bånntob såmrab m/neak roe pi neak?
លោកចង់បាន បន្ទប់ សម្រាប់ម្នាក់ ឬ ពីរនាក់?

5. Würden Sie für mich das Formular ausfüllen?
*so:m look meta djuaj båmpenj li'-khett nis såmrab khnjom phå:ng?
សូម លោក មេត្តា ជួយបំពេញ លិខិត នេះ សម្រាប់ ខ្ញុំ ផង ?

6. Das Formular kann ich nicht ausfüllen.
*li'-khett nis khnjom min djäs båmpenj te:.
លិខិតនេះ ខ្ញុំមិនចេះបំពេញទេ។

7. Darf ich bei Ihnen einen Tag bleiben?
*a'-nunj-nja:t aoj khnjom som-såmra:k now phteas look muaj th/ngai ba:n te?
អនុញ្ញាតឲ្យខ្ញុំ សុំសម្រាក នៅផ្ទះលោក មួយថ្ងៃ បានទេ?

C SICH NACH WÜNSCHEN ERKUNDIGEN
[sa:k-suar pi djåmnång neak na muaj]
សាកសួរ ពីចំណង់ អ្នកណាមួយ

1. Was kann ich für Sie tun?
*taö khnjom a:dj thwö awey djun look?
តើ ខ្ញុំ អាច ធ្វើ អ្វី ជូន លោក?

2. Ich hätte gern ein Flugticket nach Deutschland.
*khnjom djång ba:n såmbott joann-hås muaj tow pråte:s allömång.
ខ្ញុំចង់បាន សំបុត្រយន្តហោះ មួយ ទៅ ប្រទេសអាល្លឺម៉ង់។

3. Was wünschen Sie?
*taö look mean båmnå:ng awey?
តើ លោក មាន បំណង អ្វី?

4. Ich möchte gern mit Herrn Doktor Serei Wuthy sprechen.
*khnjom djång ni`-jeaj djeamuaj look wedjeak-bånnditt Serei Wuthy.
ខ្ញុំចង់និយាយ ជាមួយលោក វេជ្ជបណ្ឌិត សេរី វុទ្ធី។

5. Haben Sie noch einen Wunsch?
*taö look mean båmnå:ng awey tiert?
តើ លោក មាន បំណង អ្វី ទៀត?

6. Wünschen Sie noch etwas?
*look mean båmnå:ng awey thä:m tiert roe?
លោក មាន បំណង អ្វី ថែមទៀត ឬ?

7. Nein, danke schön.
*te, å-kunn djraön.
ទេ អរគុណច្រើន។

D HILFE ANBIETEN

[som aoj (djun / thwö) djea djomnuaj]

សុំឱ្យ(ជូន / ធ្វើ) ជា ជំនួយ

1. Kann ich Ihnen helfen?
   *khnjom a:dj djuaj look ba:n te:?
   ខ្ញុំ អាច ជួយ លោក បាន ទេ ?

2. Ja, wie komme ich zur deutschen Botschaft?
   *ba:t « dja:s », taö khnjom tow dåll stha:n-tu:t allömång robieb na?
   បាទ «ចាស» តើ ខ្ញុំទៅដល់ ស្ថានទូត អាល្លឺម៉ង់ របៀប ណា ?

3. Soll ich das für Sie tun?
   *kuar tä khnjom thwö awey noeng djun look roe?
   គួរ តែ ខ្ញុំ ធ្វើ អ្វីហ្នឹង ជូន លោក ឬ?

4. Nein danke, ich komme zurecht.
   *te: å-kunn, khnjom thwö khluan-khnjom ba:n.
   ទេ អរគុណ ខ្ញុំ ធ្វើ ខ្លួនខ្ញុំ បាន។

5. Kann ich Ihnen behilflich sein?
   *khnjom a:dj djuaj o'-pa'-tham look ba:n roe?
   ខ្ញុំ អាច ជួយ ឧបត្ថម្ភ លោក បាន ឬ?

6. Ja gerne! Wo kann ich « Preah ket Mealea - Krankenhaus » finden.
   *ba:t « dja:s » look ! khnjom djång raok monnti pet preah ket mealea.
   បាទ «ចាស» លោក! ខ្ញុំ ចង់រកមន្ទីរពេទ្យ ព្រះកេតុមាលា។

E WÜNSCHE ÄUßERN

[bånj-djenj båmnå:ng]

បញ្ចេញ បំណង

1. Ich würde gerne kommen.
*khnjom penj-djett noeng maok nass.
ខ្ញុំ ពេញចិត្ត នឹង មក ណាស់។

2. Ich würde Ihnen gerne helfen.
*khnjom penj-djett noeng djuaj look nass.
ខ្ញុំ ពេញ ចិត្ត នឹង ជួយ លោក ណាស់។

3. Ich hätte gerne etwas Zucker.
*khnjom djång ba:n skå bånntedj.
ខ្ញុំ ចង់បាន ស្ករ បន្តិច។

4. Wo kann ich mein Gepäck lassen?
*taö khnjom a:dj tuk eiwan khnjom now äna?
តើ ខ្ញុំ អាច ទុក អីវ៉ាន់ ខ្ញុំ នៅ ឯណា?

5. Können Sie fünf Minuten auf meinen Koffer aufpassen?
*look a:dj djuaj mö:l ka-bo:b khnjom pram minutt ba:n te?
លោក អាច ជួយមើល កាបូបខ្ញុំ ប្រាំមីនុត បាន ទេ?

6. Wo kann ich hier Toilettenartikel bekommen?
*ti-nis taö khnjom a:dj totual jaok såmpheareak såmrab bångkoann now äna?
ទីនេះ តើខ្ញុំអាច ទទួលយក សម្ភារៈសម្រាប់បង្គន់ នៅឯណា?

7. Sie können ihn von mir bekommen, bitte schön!
*look a:dj totual-jaok robåss nis pi khnjom, so:m anj-djö:nj jaok!
លោក អាចទទួលយក របស់នេះ ពីខ្ញុំ សូម អញ្ជើញ យក!

8. Bitte schreiben Sie das für mich auf!
*so:m look djuaj kått wea tuk såmrab khnjom phå:ng!
សូមលោក ជួយ កត់វាទុក សម្រាប់ ខ្ញុំ ផង!

9. Bitte senden Sie diesen Brief an die deutsche Botschaft!
*so:m look djuaj ph/njaö såmbott nis tow stha:n-tu:t allömång phå:ng!
សូមលោក ជួយ ផ្ញើសំបុត្រ នេះ ទៅស្ថានទូត អាល្លឺម៉ង់ ផង!

10. Bitte geben Sie mir das andere!
*so:m look aoj khnjom robåss nus phse:ng tiert!
សូមលោកឲ្យខ្ញុំ របស់នោះ ផ្សេងទៀត!

11. Bitte rufen Sie für mich den Arzt an!
*so:m look ni'-jeaj tu-ra'-sapt tow pet aoj khnjom phå:ng!
សូមលោក និយាយទូរស័ព្ទ ទៅពេទ្យ ឲ្យ ខ្ញុំ ផង!

12. Bitte holen Sie einen Krankenwagen!
*so:m look tow jaok la:n-pet!
សូមលោក ទៅយក ឡានពេទ្យ!

13. Sagen Sie mir das bitte noch einmal!
*so:m look ni'-jeaj prab khnjom mdå:ng tiert!
សូមលោក និយាយប្រាប់ខ្ញុំ ម្តងទៀត!

* * * * * * * * *

5. EINLADUNGEN / VERABREDUNGEN

A EINLADUNG AUSSPRECHEN

[kar anj-djö:nj daoj ni'-jeaj ph/toall-moatt]

ការអញ្ជើញ ដោយនិយាយ ផ្ទាល់មាត់

1. Darf ich Sie zum Mittagessen einladen?
*a'-nunj-nja:t aoj khnjom anj-djö:nj look tow pi'-sa ba:j th/ngai trång?
អនុញ្ញាត ឲ្យ ខ្ញុំ អញ្ជើញ លោក ទៅ ពិសាបាយថ្ងៃត្រង់?

2. Ich möchte Sie einladen, uns zu besuchen.
*khnjom so:m anj-djö:nj look tow le:ng noeng jö:ng khnjom.
ខ្ញុំ សូម អញ្ជើញ លោក ទៅលេង និង យើងខ្ញុំ។

B EINLADUNG ANNEHMEN / ABLEHNEN

[totual kar anj-djö:nj / min totual kar anj-djö:nj]

ទទួល ការអញ្ជើញ / មិនទទួល ការអញ្ជើញ

1. Vielen Dank für Ihre Einladung.
*å-kunn nass djåmpoas kar anj-djö:nj robåss look.
អរគុណណាស់ ចំពោះ ការអញ្ជើញ របស់ លោក។

2. Es tut mir leid, ich kann nicht kommen.
*kuar aoj khnjom sda:j, khnjom min a:dj maok ba:n.
គួរ ឲ្យ ខ្ញុំ ស្តាយ ខ្ញុំ មិន អាចមកបាន។

3. Ich fühle mich nicht wohl.
*khnjom min sow srual-kh/luan.
ខ្ញុំ មិន សូវ ស្រួល ខ្លួន។

* * * * * * * * *

6. FREUDE / BEDAUERN

1. Herzlich willkommen!
*so:m swa-kom!
សូម ស្វាគមន៍!

2. Ich bin glücklich.
*khnjom sabba:j ri:k-reaj.
ខ្ញុំ សប្បាយ រីករាយ។

3. Ich bin zufrieden.
*khnjom penj-djett.
ខ្ញុំ ពេញចិត្ត។

4. Ich freue mich sehr.
*khnjom sabba:j djett nass.
ខ្ញុំ សប្បាយ ចិត្ត ណាស់។

5. Wie schön, Sie zu sehen!
*kuar aoj romphö:b nass daoj ba:n khö:nj look (neak-srei)!
គួរ ឲ្យ រំភើប ណាស់ ដោយបានឃើញ លោក (អ្នកស្រី)!

6. Es tut mir leid!
*kuar aoj khnjom sda:j!
គួរ ឲ្យ ខ្ញុំ ស្តាយ!

7. Ich bedaure es sehr!
*khnjom saok-sda:j nass!
ខ្ញុំ សោកស្តាយ ណាស់!

* * * * * * * * *

7. SCHENKEN

1. Ich habe Ihnen etwas mitgebracht.
 *khnjom ba:n noamm maok now robåss båntedj-båntuadj djun look.
 ខ្ញុំ បាននាំមក នូវ របស់ បន្តិចបន្តួច ជូន លោក។

2. Vielen Dank, das wäre nicht nötig gewesen!
 *å-kunn djraön, wea min djea djambadj te:!
 អរគុណច្រើន, វាមិន ជាចាំបាច់ ទេ!

3. Eine kleine Aufmerksamkeit für Ihre Frau.
 *robåss tedj-tuadj djun neak-srei.
 របស់ តិចតួច ជូន អ្នកស្រី។

4. Herzlichen Dank für den schönen Blumenstrauß.
 *å-kunn åss pi duang-djett djåmpoas badj-phka då l/å nis.
 អរគុណ អស់ពីដួងចិត្ត ចំពោះ បាច់ផ្កា ដ៏ល្អ នេះ។

5. Ein kleines Geschenk für Sie (zum Andenken).
 *djomnun då sduadj-sdaöng maok djun look (neak-srei) tuk djea kar noek-roloek.
 ជំនូន ដ៏ស្តួចស្តើង មកជូន លោក (អ្នកស្រី) ទុកជា ការនឹករលឹក។

6. Danke schön. Ich freue mich sehr, daß Sie gekommen sind.
 *å-kunn. khnjom sabba:j djett nass dä:l look (neak-srei) ba:n anj-djö:nj maok.
 អរគុណ ខ្ញុំសប្បាយចិត្តណាស់ ដែលលោក (អ្នកស្រី) បានអញ្ជើញ មក។

* * * * * * * * *

8. GLÜCK WÜNSCHEN / GRATULIEREN

1. Ich wünsche Ihnen viel Erfolg!
   *khnjom so:m djun po look (neak-srei) aoj ba:n djook-djey!
   ខ្ញុំ សូម ជូន ពរ លោក (អ្នកស្រី) ឲ្យ បាន ជោគជ័យ !

2. Alles Gute im neuen Jahr!
   *so:m djun po serei-sua-sdei khnong tch/nam thmei!
   សូម ជូនពរ សេរីសួស្ដី ក្នុង ឆ្នាំ ថ្មី !

3. Wir wünschen Ihnen ein glückliches neues Jahr!
   *jö:ng so:m djun po look (neak-srei) aoj mean so'-pheak-mongkoll now tch/nam thmei.
   យើងសូម ជូនពរលោក(អ្នកស្រី) ឲ្យមានសុភមង្គល នៅឆ្នាំថ្មី។

4. Ich wünsche Ihnen ein glückliches Leben!
   *khnjom so:m djun po look (neak-srei) djuab tä so'-pheak-mongkoll!
   ខ្ញុំ សូម ជូនពរ លោក (អ្នកស្រី) ជួប តែ សុភមង្គល !

5. Herzliche Glückwünsche!
   *so:m djun po-djey serei-mongkoll åss pi duang-djett.
   សូមជូន ពរជ័យ សេរីមង្គល អស់ពីដួងចិត្ត។

6. Frohes Fest!
   *so:m anj-djö:nj sabba:j khnong pi'-thi bonn!
   សូមអញ្ជើញ សប្បាយក្នុងពិធីបុណ្យ។

7. Alles Gute!
   *sok-sabba:j!
   សុខសប្បាយ!

8. Gute Besserung!
*so:m tchab djea sas-sbaöj!
សូមឆាប់ជាសះស្បើយ!

9. Gesundheit!
*sbaöj!
ស្បើយ!

10. Gute Appetit!
*so:m anj-djö:nj tch/nganj (pi'-sa:)!
សូមអញ្ជើញ ឆ្ងាញ់(ពិសា)!

11. Zum Wohl!
*sokkha'-pheap!
សុខភាព!

12. Ich gratuliere Ihnen zum Geburtstag.
*khnjom so:m djun po look (neak-srei) khnong pi'-thi djåmraön a-juk.
ខ្ញុំសូមជូនពរ លោក(អ្នកស្រី) ក្នុងពិធី ចំរើនអាយុ។

13. Ich gratuliere Ihnen zur Vermählung.
*khnjom so:m djun po look (neak-srei) khnong pi'-thi rierb a-pea-pi'-pea.
ខ្ញុំសូមជូនពរ លោក(អ្នកស្រី) ក្នុងពិធីរៀបអាពាហ៍ពិពាហ៍។

* * * * * * * * *

9. ABSCHIED

1. Darf ich mich verabschieden?
*a'-nunj-nja:t aoj khnjom som bä:k (lea) khnea senn roe?
អនុញ្ញាត ឲ្យ ខ្ញុំ សុំ បែក(លា)គ្នា សិន ឬ?

2. Ich möchte mich verabschieden!
*khnjom djång som lea senn haöj!
ខ្ញុំ ចង់ សុំ លា សិន ហើយ!

3. Ich hoffe, wir sehen uns bald.
*khnjom sång-khoemm tha, jö:ng djuab khnea winj khnong pe:l då khlei.
ខ្ញុំ សង្ឃឹម ថា យើងជួបគ្នា វិញ ក្នុងពេលដ៏ខ្លី។

4. Auf Wiedersehen, vielen Dank für die Einladung!
*som lea haöj, å-kunn djraön djåmpoas kar anj-djö:nj!
សុំ លា ហើយ, អរគុណច្រើនចំពោះ ការអញ្ជើញ។

5. Auf Wiedersehen! (vor längerer Trennung)
*som bä:k khnea senn haöj!
សុំ បែក គ្នា សិន ហើយ!

6. Ich hoffe, Sie kommen bald wieder.
*khnjom sång-khoemm tha, look trå-låbb maok winj djea prå-njab.
ខ្ញុំ សង្ឃឹម ថា លោក ត្រឡប់ មកវិញ ជា ប្រញាប់។

7. Wann sehen wir uns wieder?
*taö kalna jö:ng djuab khnea winj?
តើកាលណា យើងជួបគ្នា វិញ?

8. Leben Sie wohl!
*so:m töw aoj ba:n sok-sabba:j! (sagt der Gastgeber)
សូម ទៅ ឲ្យបាន សុខសប្បាយ! (ម្ចាស់ផ្ទះ ឲ្យពរ ភ្ញៀវ)
*so:m now aoj ba:n sok-sabba:j! (sagt der Gast)
សូម នៅ ឲ្យបាន សុខសប្បាយ! (ភ្ញៀវ ឲ្យពរ ម្ចាស់ផ្ទះ វិញ)

9. Gute Reise!
*so:m thwö dåmnaö aoj ba:n sok-sabba:j!
សូម ធ្វើ ដំណើរ ឲ្យបាន សុខសប្បាយ!

10. Angenehme Reise!
*so:m aoj kar thwö dåmnaö ba:n sabba:j ri:k-reaj roho:t!
សូមឲ្យការធ្វើដំណើរ បានសប្បាយរីករាយ រហូត!

11. Ich hoffe, daß Sie sich bald einmal melden.
*khnjom sång-khoemm, tha look aoj dåmnöng djea prå-njab.
ខ្ញុំ សង្ឃឹម ថាលោក ឲ្យដំណឹង ជាប្រញាប់។

12. Bleiben Sie gesund!
*so:m look (neak-srei) mean sokkha'-pheap båribo djea-nidj!
សូមលោក (អ្នកស្រី) មានសុខភាព បរិបូណ៌ ជានិច្ច!

13. Wir hoffen, Sie nächstes Jahr wiederzusehen.
*jö:ng sång-khoemm, tha tchnam kraoj djuab look (neak-srei) tiert.
យើងសង្ឃឹម ថាឆ្នាំក្រោយ ជួបលោក (អ្នកស្រី) ទៀត។

14. Ich danke Ihnen für Ihren Besuch.
*khnjom so:m å-kunn djåmpoas tossna'-kedj robåss look (neak-srei).
ខ្ញុំសូមអរគុណ ចំពោះ ទស្សនកិច្ច របស់លោក(អ្នកស្រី)។

15. Wir danken Ihnen für den herzlichen Empfang.
*jö:ng so:m å-kunn djåmpaos kar totual ja:ng romphö:b robåss look (neak-srei).
យើងសូម អរគុណ ចំពោះ ការទទួលយ៉ាងរំភើប របស់លោក(អ្នកស្រី)។

* * * * * * * * *

10. DANKEN

1. Danke schön! / Danke sehr!
*å-kunn nass!
អរគុណ ណាស់!

2. keine Ursache!
*min thwei te:!
មិន ធ្វី ទេ!

3. Vielen Dank!
*å-kunn djraön!
អរគុណ ច្រើន!

4. Nichts zu danken!
*min badj å-kunn te:!
មិន បាច់ អរគុណ ទេ!

5. Herzlichen Dank!
*å-kunn åss pi-duang djett!
អរគុណ អស់ពីដួងចិត្ត!

6. Ich bedanke mich sehr für Ihre Hilfe!
*khnjom å-kunn nass djåmpoas djomnuaj robåss look!
ខ្ញុំអរគុណណាស់ ចំពោះ ជំនួយ របស់លោក!

7. Ich bin Ihnen sehr dankbar!
*look djea neak mean kunn lö khnjom nass!
លោក ជា អ្នកមានគុណ លើ ខ្ញុំ ណាស់!

8. Tausend Dank!
*å-kunn roab poann då:ng!
អរគុណ រាប់ពាន់ ដង!

9. Danke, gleichfalls!
*å-kunn, look (neak-srei) kå anj-djöng dä:!
អរគុណ, លោក(អ្នកស្រី) ក៏អញ្ចឹង ដែរ!

* * * * * * * * *

11. SICH ENTSCHULDIGEN

1. Entschuldigung!
*som toos ! / som a'-pheytoos!
សុំ ទោស! / សុំ អភ័យទោស!

2. Entschuldigung, darf ich Sie einen Augenblick stören?
*som toos, a'-nunj-nja:t aoj khnjom romkha:n look båntedj ba:n te?
សុំទោស អនុញ្ញាត ឲ្យខ្ញុំរំខាន លោក បន្តិច បាន ទេ?

3. Entschuldigung, haben Sie einen Moment Zeit?
*som toos, look mean pe:l muaj-phle:t te?
សុំទោស លោក មានពេល មួយភ្លែត ទេ?

4. Entschuldigen Sie bitte die Störung!
*so:m look a'-pheytoos djåmpoas kar romkha:n!
សូមលោក អភ័យទោស ចំពោះការរំខាន!

5. Entschuldigung, ich habe mich verwählt!
*som a'-pheytoos khnjom ba:n weaj le:k djrålåmm!
សុំអភ័យទោស ខ្ញុំបានវាយលេខ ច្រឡំ!

6. Ich muß mich bei Ihnen entschuldigen.
*khnjom trow tä som a'-pheytoos pi look (neak-srei).
ខ្ញុំត្រូវតែសុំ អភ័យទោស ពីលោក(អ្នកស្រី)។

7. Das ist nicht schlimm!
*min djea kar khos-tch/ko:ng awey te!
មិនជាការខុសឆ្គង អ្វីទេ!

* * * * * * * * *

12. NACH DER MEINUNG FRAGEN

1. Wie finden Sie das?
*taö look jaoll khö:nj ja:ng-na rörng noeng?
តើ លោក យល់ឃើញ យ៉ាងណា រឿង ហ្នឹង ?

2. Ich finde das gut.
*khnjom jaoll khö:nj tha l/å.
ខ្ញុំ យល់ឃើញ ថា ល្អ។

3. Wie meinen Sie?
*taö look mean joobåll ja:ng-na?
តើ លោក មាន យោបល់ យ៉ាងណា ?

4. Ich bin der Meinung, daß das möglich ist.
*ta:m joobåll khnjom, tha wea a:dj (mean lattha'-pheap).
តាម យោបល់ ខ្ញុំ ថា វា អាច (មាន លទ្ធភាព)។

5. Das ist richtig!
*wea trow haöj!
វាត្រូវ ហើយ !

6. Das stimmt!
*wea prakått haöj!
វាប្រាកដ ហើយ !

7. Wie ist das?
*wea do:dj mdedj?
វា ដូច ម្តេច?

* * * * * * * * *

13. ZUSTIMMUNG / EINVERSTÄNDNIS

1. Es ist richtig (wichtig, interessant).
   *wea trow (såmkhan, mean khlemmsa:)
   វា ត្រូវ (សំខាន់, មានខ្លឹមសារ)។

2. Ich bin dafür.
   *khnjom jaoll-srå:b.
   ខ្ញុំ យល់ ស្រប។

3. Ich habe nichts dagegen.
   *khnjom min jaoll-toass te.
   ខ្ញុំ មិន យល់ទាស់ ទេ។

4. Ich habe da noch einige Bedenken.
   *khnjom now mean kar sång-sai bånntedj.
   ខ្ញុំ នៅ មាន ការសង្ស័យ បន្តិច។

5. Darf ich einen Vorschlag machen?
   *a'-nunj-nja:t aoj khnjom djun joobåll ba:n te?
   អនុញ្ញាត ឲ្យ ខ្ញុំ ជូន យោបល់ បាន ទេ?

6. Ihren Vorschlag finde ich sehr wichtig.
   *joobåll robåss look khnjom jaoll khö:nj tha såmkhan nass.
   យោបល់របស់លោក ខ្ញុំយល់ឃើញថា សំខាន់ណាស់។

7. Morgen treffen wir uns um 10 Uhr, einverstanden?
   *s/ä:k jö:ng djuab khnea now maong dåb, jaoll pro:m te?
   ស្អែកយើងជួបគ្នា នៅម៉ោងដប់ យល់ព្រមទេ?

8. Sind Sie einverstanden damit?
*look jaoll-pro:m djea muaj roe?
លោក យល់ព្រម ជាមួយ ឬ?

9. Ja, ich bin einverstanden.
*ba:t (dja:s) khnjom jaoll-pro:m haöj.
បាទ (ចាស) ខ្ញុំ យល់ព្រម ហើយ។

10. Darf ich Ihr Auto ausleihen?
*a'-nunj-nja:t aoj khnjom kh/djei la:n look ba:n te?
អនុញ្ញាត ឲ្យខ្ញុំ ខ្ចី ឡានលោក បានទេ ?

11. Auf keinen Fall!
*khmean djomtaoss te!
គ្មានជំទាស់ទេ!

12. Sind Sie einverstanden, morgen eine Stunde länger zu arbeiten?
*taö look jaoll-pro:m te, th/ngai s/ä:k thwö-kar ju-pe:l muaj maong?
តើលោកយល់ព្រមទេ, ថ្ងៃស្អែក ធ្វើការយូរពេល មួយម៉ោង ?

13. Selbstverständlich.
*jaoll-srå:b teang srong (min badj ni'-jeaj te.)
យល់ស្របទាំងស្រុង (មិនបាច់និយាយទេ)។

14. Mit Vergnügen!
*so:m anj-djö:nj daoj serei!
សូមអញ្ជើញ ដោយសេរី!

15. Wahrscheinlich.
*pråhä:l djea pitt.
ប្រហែលជាពិត។

16. Morgen sollen Sie früh aufstehen!
*s/ä:k look trow kraok pi pro-loemm!
ស្អែក លោកត្រូវក្រោក ពីព្រលឹម!

17. Können Sie mich mitnehmen?
*look a:dj jaok khnjom tow djea muaj phå:ng ba:n te?
លោក អាចយកខ្ញុំ ទៅជាមួយផង បានទេ?

18. Bitte warten Sie hier auf mich, o.k.!
*so:m look djam khnjom now ti-nis, o.k.!
សូមលោក ចាំខ្ញុំនៅទីនេះ អូខេ!

19. Jetzt müssen wir abfahren!
*eilow trow tä jö:ng djab djenj dåmnaö tow!
ឥឡូវ ត្រូវតែយើង ចាប់ចេញដំណើរទៅ!

Abschnitt III

Spezifische Ausdrücke

1. SPEZIELLE REDEWENDUNGEN
(formell)

1. Würden Sie das bitte erledigen.
*so:m look meta djuaj såmradj rörng noeng.
សូមលោកមេត្តា ជួយសម្រេច រឿងហ្នឹង។

2. Ich bitte Sie ...
*khnjom so:m look meta: ...
ខ្ញុំសូមលោកមេត្តា...

3. Sehr geehrte Damen und Herren ... (Briefstil)
*look djom teaw noeng ä:k-ottdåm... លោក ជំទាវ និង ឯកឧត្តម...
*look srei noeng look ... លោក ស្រី និង លោក ...

4. Mit freundlichen Grüßen. (Briefstil)
*so:m look (neak-srei) totual now sadj-kdei koorop roab a:n pi khnjom ba:t (pi neang khnjom).
សូមលោក(អ្នកស្រី) ទទួលនូវសេចក្តីគោរពរាប់អាន ពីខ្ញុំបាទ (ពីនាងខ្ញុំ)។

5. Hochachtungsvoll. (Briefstil)
*so:m look (neak-srei) totual now sadj-kdei koorop då khpong-khoss pi khnjom ba:t (pi neang khnjom).
សូមលោក (អ្នកស្រី) ទទួលនូវសេចក្តីគោរពដ៏ខ្ពង់ខ្ពស់ ពីខ្ញុំបាទ (ពីនាងខ្ញុំ)។

6. Ich beehre mich, Ihnen mitzuteilen, daß ... (Briefstil)
*khnjom mean kette'-joass noeng so:m djomreab look (neak-srei), tha...
ខ្ញុំ មានកិត្តិយស នឹងសូមជំរាបលោក (អ្នកស្រី) ថា...

* * * * * * * * *

2. AUSDRÜCKE FÜR DEN BUDDHISTISCHEN BEREICH

1. Ich möchte Sie einladen, uns zu besuchen.
*khnjom preah ka'-ru'-na: so:m ni'-monn preah-ång tow le:ng noeng jö:ng khnjom preah ka'-ru'-na:.
ខ្ញុំព្រះករុណា សូមនិមន្ត ព្រះអង្គ ទៅលេងនឹង យើងខ្ញុំព្រះករុណា។

2. Bitte gehen Sie hinein!
*so:m ni'-monn preah-ång djo:l (laöng) tow kha:ng lö (khnong)...!
សូមនិមន្តព្រះអង្គ ចូល (ឡើង) ទៅខាងលើ(ក្នុង)...!

3. Ich grüße Sie.
*khnjom preah ka'-ru'-na so:m kra:b thwa:j bång-kom preah-ång.
ខ្ញុំព្រះករុណា សូមក្រាបថ្វាយបង្គំព្រះអង្គ។

4. Bitte nehmen Sie Platz!
*so:m ni'-monn preah-ång kong!
សូមនិមន្តព្រះអង្គគង់។

5. Bitte schön!
*so:m ni'-monn!
សូមនិមន្ត!

6. Wir geben dem Mönch das Essen.
*jö:ng pråke:n djång-han preah-sång.
យើងប្រគេន ចង្ហាន់ព្រះសង្ឃ។

7. Guten Appetit!
*ni'-monn preah-ång tchan!
និមន្តព្រះអង្គឆាន់!

Buddhismus	preah puth-theak-sa-sna	ព្រះពុទ្ធសាសនា
Vater (sagt der Mönch)	njo:m pross	ញមប្រុស
Mutter(sagt der Mönch)	njo:m srei	ញមស្រី
Pagode	woatt	វត្ត
Tempel	preah wihea	ព្រះវិហារ
Buddha	preah puth-theak-ru:b	ព្រះពុទ្ធរូប
Wohnhaus der Mönche	kodd	កុដិ
grüßen	kra:b thwa:j bång-kom	ក្រាបថ្វាយបង្គំ
Mönch	preah-sång	ព្រះសង្ឃ
sagen / sprechen	mean (pitt) pudde'-ka:	មាន(ពិត)ពុទ្ធដីកា
setzen (sich)	ni'-monn kong	និមន្តគង់
sitzen	kong	គង់
gehen	ni'-monn	និមន្ត
schlafen	söng	សឹង
rezitieren	so:t	សូត្រ
geben	prå-ke:n	ប្រគេន
essen	tchan	ឆាន់
Ich (sagt der Mönch)	a-tma-pheap	អាត្មាភាព
Ich (sagt der Gläubige)	khnjom preah ka'-ru'-na:	ខ្ញុំព្រះករុណា
ja (sagt der Mönch)	preah-po / po	ព្រះពរ / ពរ
ja (sagt der Gläubige)	(kona:) ka'-ru'-na	(ករណា) ករុណា
auf Wiedersehen	(sagt der Mönch):	(ព្រះសង្ឃមានពុទ្ធដីកាថា):
	so:m djåmraön-po	សូមចំរើនពរ
auf Wiedersehen	(sagt der Gläubige):	(ឧបាសកលាព្រះសង្ឃថា):
	thwa:j bång-kom lea	ថ្វាយបង្គំលា

3. AUSDRÜCKE FÜR DEN KÖNIGLICHEN BEREICH

königliches Eigentum	*preah readj-djeak-troap	ព្រះរាជទ្រព្យ
königlicher Palast	*preah readj-djeak-weang	ព្រះរាជវាំង
königliche Familie	*preah readj-djeak-wong	ព្រះរាជវង្ស
Vater	*preah beida	ព្រះបិតា
Mutter	*preah meada	ព្រះមាតា
Thron	*preah readj-djeak ballang	ព្រះរាជបល្ល័ង្ក
Krone	*m/kott	មកុដ
König	*preah moha ksatt	ព្រះមហាក្សត្រ
Königin	*preah moha ksattrijani:	ព្រះមហាក្សត្រិយានី
Sohn	*preah readj-djeak-bott	ព្រះរាជបុត្រ
Tochter	*preah readj-djeak bottrei	ព្រះរាជបុត្រី
schlafen gehen	*djo:l preah bånntom	ចូលព្រះបន្ទំ
schlafen	*trong ph/tom	ទ្រង់ផ្ទំ
gehen	*trong jea:ng	ទ្រង់យាង
sitzen / setzen, sich	*trong såmrual preah ka:j	ទ្រង់សម្រួលព្រះកាយ
essen	*trong saoj	ទ្រង់សោយ
Essen	*preah kråja:	ព្រះក្រយា
sehen	*trong to:t	ទ្រង់ទត
sprechen	*mean preah bånntu:l	មានព្រះបន្ទូល
Wort	*preah readj-aongka:	ព្រះរាជឱង្ការ
(gutes) Herz	*preah ha'-roe'-tey (l/å)	ព្រះហឫទ័យ (ល្អ)
freuen, sich	*trong såpt preah ha'-roe'-tey	ទ្រង់សព្វព្រះហឫទ័យ

Alter	*preah djonn	ព្រះជន្ម
Er/Sie/Ihn/Ihm/Ihnen	*preah ång	ព្រះអង្គ
Haare	*preah kesa:	ព្រះកេសា
Kopf	*preah se'-ra'-sa:	ព្រះសិរសា
Gesicht	*preah pheak	ព្រះភ័ក្ត្រ
Ohr(en)	*preah ka:r	ព្រះកាណ៌
Auge(n)	*preah ne:t	ព្រះនេត្រ
Nase	*preah nea-sa	ព្រះនាសា
Mund	*preah aos	ព្រះឱស្ឋ
Zahn (¨e)	*preah toann	ព្រះទន្ត
Körper	*preah ka:j	ព្រះកាយ
Hand	*preah hoast	ព្រះហស្ត
unterschreiben	*trong la:j preah hoast	ទ្រង់ឡាយព្រះហស្ត
Fuß (¨e)	*preah ba:t	ព្រះបាទ
Krankheit	*preah rook	ព្រះរោគ
krank	*trong prå-tchuan	ទ្រង់ប្រឈួន

Abschnitt IV

Verständigung in Alltagssituationen

A BEIM ARZT

[now monnti pjea-ba:l]

ទៅ មន្ទីរ ព្យាបាល

1. Wie fühlen Sie sich Herr (Frau) ...?
*taö look (neak-srei) mean sokkha'-pheap ja:ng-na:?
តើលោក (អ្នកស្រី) មានសុខភាព យ៉ាងណា?

2. Wo haben Sie Schmerzen?
*taö look (neak-srei) tchoe trång-na:?
តើលោក (អ្នកស្រី) ឈឺ ត្រង់ណា ?

3. Bitte machen Sie Ihren Oberkörper frei!
*so:m look (neak-srei) dås a:w teang-åss djenj!
សូមលោក (អ្នកស្រី) ដោះអាវទាំងអស់ចេញ !

4. Bitte tief einatmen (ausatmen)!
*so:m då:k-dång-haöm djo:l (djenj) we:ng-we:ng!
សូម ដកដង្ហើមចូល (ចេញ) វែងៗ !

5. Legen Sie sich bitte auf den Rücken (Bauch)!
*so:m look (neak-srei) de:k ph/nga: (de:k ph/kab muk)!
សូមលោក (អ្នកស្រី) ដេកផ្ងា (ដេកផ្កាប់មុខ) !

6. Diese Tabletten nehmen Sie bitte zweimal täglich ein.
*thnam nis, so:m look (neak-srei) pi'-sa pi då:ng khnong muaj th/ngai.
ថ្នាំនេះ សូមលោក (អ្នកស្រី) ពិសា ពីរដង ក្នុងមួយថ្ងៃ។

7. Sie müssen nächste Woche noch einmal kommen.
*look (neak-srei) trow tä anj-djö:nj maok a-titt kraoj mdå:ng tiert.
លោក (អ្នកស្រី) ត្រូវតែ អញ្ជើញ មក អាទិត្យ ក្រោយ ម្តងទៀត។

B KRANKHEITEN [djom-ngoe phse:ng-phse:ng]
ជម្ងឺ ផ្សេងៗ

Atembeschwerden	*då:k-dång-hö:m pi'-ba:k	ដកដង្ហើមពិបាក
Augenentzündung	*rolea:k khnong phne:k	រលាកក្នុងភ្នែក
Bauchschmerzen	*tchoe poas	ឈឺពោះ
Bindehautentzündung	*rolea:k sbä:k daöm phne:k	រលាកស្បែកដើមភ្នែក
Blähungen	*haöm poas	ហើមពោះ
Blindarmentzündung	*rolea:k poas wiern khnä:ng	រលាកពោះវៀនខ្នែង
Bronchitis	*rolea:k to:ng suat	រលាកទងសួត
Cholera	*djom-ngoe a-sånna'-rook	ជម្ងឺអាសន្នរោគ
Diphtherie	*djom-ngoe khann-slak	ជម្ងឺខាន់ស្លាក់
Durchfall	*djom-ngoe rea:k	ជម្ងឺរាក
Erkältung	*phda-sa:j	ផ្ដាសាយ
Fieber	*krunn-kdau	គ្រុនក្ដៅ
Grippe	*krunn-phda-sa:j	គ្រុនផ្ដាសាយ
Halsschmerzen	*tchoe kå	ឈឺ ក
Herzinfarkt	*keang bäs-do:ng	គាំងបេះដូង
Husten	*k/å:k	ក្អក
Kopfschmerzen	*tchoe kba:l	ឈឺក្បាល
Krebs	*djom-ngoe mohari:k	ជម្ងឺមហារីក
Kreislaufstörungen	*tcheam rott min srual	ឈាមរត់មិនស្រួល
Magenschmerzen	*tchoe kråpeas	ឈឺក្រពះ
Nasenbluten	*tcheam djråmos	ឈាមច្រមុះ
Rückenschmerzen	*tchoe khnå:ng / -djång-käs	ឈឺខ្នង / -ចង្កេះ
Schmerzen haben	*tchoe (mean djom-ngoe)	ឈឺ (មានជម្ងឺ)

Schwellung	*djom-ngoe haö:m	ជម្ងឺហើម
Schwindel	*djom-ngoe will-muk	ជម្ងឺវិលមុខ
Seekrankheit	*djom-ngoe pull sa'-mott	ជម្ងឺពុលសមុទ្ទ
Tetanus	*djom-ngoe djräs-dä:k	ជម្ងឺច្រេះដែក
Tuberkulose	*djom-ngoe robe:ng	ជម្ងឺរបេង
Verdauungsstörung	*kar romlea:j-aha: pi'-ba:k	ការរំលាយអាហារពិបាក
Verstopfung	*djom-ngoe toll-lea-mok	ជម្ងឺទល់លាមក
Wunde	*dåmbau	ដំបៅ

C ARZNEIMITTEL [thnam pet]
ថ្នាំពេទ្យ

1. Formen	***leakkha'-nak**	លក្ខណៈ
Ampulle	*thnam djak	ថ្នាំចាក់
Dragee	*thnam kroabb srao:b skå	ថ្នាំគ្រាប់ស្រោបស្ករ
Kapseln	*thnam soll	ថ្នាំសុល
Flüssigkeit	*thnam toek	ថ្នាំទឹក
Puder / Pulver	*thnam msau	ថ្នាំម្សៅ
Saft	*thnam toek siro:	ថ្នាំទឹកស៊ីរ៉ូ
Salbe	*thnam poma:t	ថ្នាំប៉ូម៉ាត
Tablette	*thnam kroabb	ថ្នាំគ្រាប់
Tropfen	*thnam dåmnåk	ថ្នាំដំណក់

2. Anwendungen	***robierb praö**	របៀបប្រើ
a) zum	***såmrab**	សម្រាប់
Einführen	*- soll	- សុល
Einnehmen	*- le:b	- លេប
Einreiben	*- lea:b	- លាប

Einschlafen	*- de:k loak	- ដេកលក់
Einspritzen	*- djak	- ចាក់
Einsprühen	*- hö:t	- ហឹត
Eintropfen	*- bånntåk	- បន្តក់
Gurgeln	*- kh/pu-moatt	- ខ្ពុរមាត់
Impfen	*- djak ka-pea	- ចាក់ការពារ
Inhallieren	*- tch/pung	- សម្រាប់ផ្លុង
b) gegen	***båmbatt**	បំបាត់
Bakterien	*- merook	- មេរោគ
Durchfall	*- rea:k	- រាគ
Husten	*- k/å:k	- ក្អក
Insektenstich	*- pis satt-l/ett kham	- ពិសសត្វល្អិតខាំ
Juckreiz	*- ro-moass	- រមាស់
Rheuma	*- tchoe sånnlak	- ឈឺសន្លាក់
Sonnenbrand	*- th/ngai dott	- ថ្ងៃដុត
c) für	***såmrab**	សម្រាប់
Augen	*- phne:k	- ភ្នែក
Erwachsene	*- monuss thom	- មនុស្សធំ
Haut	*- sbä:k	- ស្បែក
Kinder	*- ko'-ma:r	- កុមារ
Magen	*- kråpeas	- ក្រពះ
Nase	*- djrå-mos	- ច្រមុះ
Ohren	*- trå-djierk	- ត្រចៀក
Säuglinge	*- ko:n-nga:	- កូនង៉ា
Schwangerschaft	*- strei mean ph/tey-poas	- ស្ត្រីមានផ្ទៃពោះ

D ERSTE HILFE [djomnuaj djea dåmbo:ng]
ជំនួយជាដំបូង

1. Bitte, ich brauche schnell Ihre Hilfe!
*so:m djreab look, khnjom trow kar djomnuaj pi look djea prå-njab!
សូមជ្រាបលោក, ខ្ញុំត្រូវការជំនួយពីលោកជាប្រញាប់!

2. Was ist passiert? -Wo?
*taö mean hä:t awey kaöt laöng? *now äna:?
តើមានហេតុអ្វីកើតឡើង? នៅឯណា?

3. Er / sie ist bewußtlos (auf der Straße... / im Haus...)
*koatt / neak-srei sånnlåb (now lö thnåll ... / now khnong phteas...)
គាត់ / អ្នកស្រី សន្លប់ (នៅលើថ្នល់... / នៅក្នុងផ្ទះ...)

4. Wie lange haben Sie die Erste Hilfe geleitet?
*taö look (neak-srei) ba:n djuaj ju: ponnma:n haöj.
តើលោក(អ្នកស្រី) បានជួយ យូរប៉ុន្មាន ហើយ?

5. Ungefähr 5 Minuten.
*pråhä:l pram neati:.
ប្រហែល ប្រាំនាទី។

6. Die Heilung soll noch weiter intensiviert werden.
*kar djuaj pjea-ba:l trow thwö bånntå tiert djea djambadj.
ការជួយព្យាបាល ត្រូវធ្វើបន្តទៀត ជាចាំបាច់។

7. Der Rettungsdienst wird gleich kommen.
*krom djomnuaj sångkroas noeng maok dåll khnong pe:l bånntedj-tiert.
ក្រុមជំនួយសង្គ្រោះ នឹងមកដល់ ក្នុងពេលបន្តិចទៀត។

8. Bitte bleiben Sie noch am Apparat!
*so:m look (neak-srei) now kan tu-ra'-satp senn!
សូមលោក (អ្នកស្រី) នៅកាន់ទូរស័ព្ទសិន!

1.RETTUNGSDIENST	* krom djomnuaj sångkroas	
Rettungswagen	* la:n djomnuaj sångkroas	ឡានជំនួយសង្គ្រោះ
Notarzt	* look wedjeakbånnditt djomnuaj	លោកវេជ្ជបណ្ឌិតជំនួយ
retten	* sångkroas	សង្គ្រោះ
Retter	* neak djuaj sångkroas	អ្នកជួយសង្គ្រោះ
Seil	* ksä:	ខ្សែ
Tragbahre	* prådab sä:ng	ប្រដាប់សែង

2.VERBANDSKASTEN	* prå-åb dak såmpheareak rummrobuas	
Schere	* kånn-trai	កន្ត្រៃ
Verbandsgaze / -mull	* såmpott rummrobuas	សំពត់រុំរបួស
Watte	* såmlei	សំឡី
Heftpflaster	* såmpott djör rummrobuas	សំពត់ជ័ររុំរបួស
Schnellverband	* såmpott djör bett robuas	សំពត់ជ័របិទរបួស
Alkohol	* sra såmrab lea:ng	ស្រាសម្រាប់លាង

3.NOTVERBÄNDE	* kar rumm robuas bånndås-a-sånn	
Armverband	* kar rumm now dai	ការរុំនៅដៃ
Kopfverband	* kar rumm now kba:l	ការរុំនៅក្បាល
verletzen	* robuas	របួស
Verletzte /r	* neak robuas	អ្នករបួស

4.KÜNSTLICHE BEATMUNG	* kar thwö djållina aoj då:kdånghaöm winj	
Bewußtlose	* neak sånnlåb	អ្នកសន្លប់
Mund zu Mund Beatmung	* moatt phlom moatt	មាត់ផ្លុំមាត់
Mund zu Nase Beatmung	* moatt phlom djråmos	មាត់ផ្លុំច្រមុះ
beatmen	* thwö aoj då:kdånghaöm winj	ធ្វើឲ្យដកដង្ហើមវិញ
Atemgerät	* prådab thwö aoj då:kdånghaöm	ប្រដាប់ធ្វើឲ្យដកដង្ហើម

E IM KRANKENHAUS
[now monnti pet]
នៅមន្ទីរពេទ្យ

1. Schwester, geben Sie mir bitte etwas zum Einschlafen!
*neak srei, so:m aoj khnjom now thnam de:k loak bånntedj maok!
អ្នកស្រី, សូមឲ្យខ្ញុំ នូវថ្នាំដេកលក់បន្តិចមក។

2. Wann darf ich aufstehen?
*taö kalna a'-nunj-nja:t aoj khnjom kraok ba:n?
តើកាលណា អនុញ្ញាតឲ្យខ្ញុំក្រោកបាន?

3. Ihr Bein ist schon besser geworden.
*djö:ng robåss look ba:n djea kroann baö haöj.
ជើងរបស់លោក បានជាគ្រាន់បើហើយ។

4. Wann werde ich entlassen?
*taö kalna khnjom djenj ba:n? (trow ke aoj djenj?)
តើកាលណា ខ្ញុំចេញបាន? (ត្រូវគេឲ្យចេញ?)

5 Sie müssen noch paar Tage bleiben.
*look trow tä now pi-bei th/ngai tiert.
លោកត្រូវតែនៅ ពីរបីថ្ងៃ ទៀត។

Arzt	*wedjeak-bånnditt	វេជ្ជបណ្ឌិត
Augenarzt	*wedjeak-bånnditt phne:k	វេជ្ជបណ្ឌិតភ្នែក
Behandung	*kar pjea-ba:l	ការព្យាបាល
Besuchszeit	*pe:l djo:l sa:k-suar	ពេលចូលសាកសួរ
Betäubung	*kar djak thnam aoj spoek	ការចាក់ថ្នាំឲ្យស្ពឹក
Chefarzt	*wedjeak-bånnditt neajoak	វេជ្ជបណ្ឌិតនាយក
entlassen werden	*djenj pi...(monnti pet)	ចេញពី...(មន្ទីរពេទ្យ)
Entlassung	*kar aoj djenj pi...	ការឲ្យចេញ ពី...

Entlassungsschein	*li'-khett bånj-djeak kar djenj	លិខិតបញ្ជាក់ការចេញ
Frauenarzt	*wedjeak-bånnditt phnä:k strei	វេជ្ជបណ្ឌិតផ្នែកស្ត្រី
Hebamme	*pet tch/må:b	ពេទ្យឆ្មប
krank	*tchoe	ឈឺ
Krankengymnastik	*kar hattpra:n ney neak djomngoe	ការហាត់ប្រាណនៃអ្នកជម្ងឺ
Krankenpfleger	*ki'-leanu'-pa'-tha:k	គិលានុបដ្ឋាក
Krankenschwester	*ki'-leanu'-pa'-thajika:	គិលានុបដ្ឋាយិកា
Labor	*monnti pi'-saot	មន្ទីរពិសោធ
Nachtschwester	*ki'-leanu'-pa'-thajika jeam job	គិលានុបដ្ឋាយិកាយាមយប់
Narkose	*kar djak thnam sånnlåb	ការចាក់ថ្នាំសន្លប់
operieren	*weas-katt	វះកាត់
Operation	*kar weas-katt	ការវះកាត់
OP-station	*monnti weas-katt	មន្ទីរវះកាត់
Patient	*neak maok pjeaba:l djom-ngoe	អ្នកមកព្យាបាលជម្ងឺ
Rezept	*wedjeak-bånj-njatt (såmbott pet)	វេជ្ជបញ្ញាត្តិ(សំបុត្រពេទ្យ)
Röntgenaufnahme	*kar tchlos	ការឆ្លុះ
Röntgenstation	*monnti tchlos	មន្ទីរឆ្លុះ
Sauerstoff	*khjåll o'-sisä:n	ខ្យល់អុកស៊ីសែន
spritzen	*djak thnam	ចាក់ថ្នាំ
Station	*stas-sjong (monnti)	ស្តាស់ស្យុង (មន្ទីរ)
Teilnarkose	*spoek tä kånnlä:ng khlas	ស្ពឹកតែកន្លែងខ្លះ
Temperatur	*sei-tonnha'-pheap	សីតុណ្ហភាព
untersuchen	*pi'-nitt rook	ពិនិត្យរោគ
Untersuchung	* kar pi'-nitt rook	ការពិនិត្យរោគ
Vollnarkose	* sånnlåb	សន្លប់

F AUF DEM POSTAMT [now prai-sa'-ni]
នៅប្រៃសណីយ៍

1.Was kostet dieser Brief (nach Deutschland)?
*taö såmbott nis th/lai ponnma:n (tow pråte:s allömång)?
តើសំបុត្រនេះថ្លៃប៉ុន្មាន (ទៅប្រទេសអាល្លឺម៉ង់)?

2. Diesen Brief bitte per Einschreiben.
*såmbott nis so:m look dak djea rekommande.
សំបុត្រនេះ សូមលោកដាក់ ជារ៉ឺកុំម៉ង់ដេ។

3. Wie lang geht dieser Brief (nach ...)?
*taö såmbott nis tow ju: ponnma:n (dåll ...)?
តើសំបុត្រនេះ ទៅយូរប៉ុន្មាន (ដល់...)?

4. Wo ist die Paketannahme / Paketausgabe?
*äna kånnlä:ng ph/njaö prå-åb (totual jaok prå-åb)?
ឯណាកន្លែងផ្ញើប្រអប់ (ទទួលយកប្រអប់)?

5. Wo kann ich telefonieren?
*taö khnjom a:dj ni'-jeaj tu-ra'-sapt now äna?
តើខ្ញុំអាចនិយាយ ទូរស័ព្ទ នៅឯណា?

6. Die Leitung ist besetzt.
*dja'-rånn kåmpung djoab rowoll.
ចរន្តកំពុងជាប់រវល់។

7. Der Teilnehmer meldet sich nicht.
* min mean neak-na maok totual te:.
មិនមាន អ្នកណា មកទទួលទេ។

8. Ihr Gespräch ist in Kabine 2 .
*kar sånnteak-nea robåss look now bånntob ti pi.
ការសន្ទនារបស់លោក នៅបន្ទប់ទីពីរ។

Absender	* a-saija'-tha:n neak ph/njaö	អាស័យដ្ឋានអ្នកផ្ញើ
Adresse / Anschrift	* a-saija'-tha:n neak totual	អាស័យដ្ឋានអ្នកទទួល
Brief	* såmbott	សំបុត្រ
Briefkasten	* prå-åb såmbott	ប្រអប់សំបុត្រ
Briefgebühr	* dåmlai ph/njaö såmbott	តម្លៃផ្ញើសំបុត្រ
Briefmarke	* tä:m bött såmbott	តែមបិទសំបុត្រ
Briefwaage	* djonj-dji:ng thlöng såmbott	ជញ្ជីងថ្លឹងសំបុត្រ
Eilpost	* ph/njaö rohass	ផ្ញើរហ័ស
Empfänger	* neak totual	អ្នកទទួល
Gebühr	* dåmlai ph/njaö	តម្លៃផ្ញើ
Hauptstelle	* ka-re'-jalai thom	ការិយាល័យធំ
Luftpost	* ph/njaö ta:m a-ka:s-djå	ផ្ញើតាមអាកាសចរ
Nebenstelle	* ka-re'-jalai ro:ng	ការិយាល័យរង
Paket	* prå-åb	ប្រអប់
Paketgebühr	* dåmlai ph/njaö prå-åb	តម្លៃផ្ញើប្រអប់
Paketschalter	* kånnlä:ng ph/njaö prå-åb	កន្លែងផ្ញើប្រអប់
Paketwaage	* djonj-dji:ng thlöng prå-åb	ជញ្ជីងថ្លឹងប្រអប់
Päckchen	* prå-åb to:dj	ប្រអប់តូច
Postbeamter	* ph/neak-ngea prai-sa'-ni	ភ្នាក់ងារប្រៃសណីយ៍
Postkarte	* kart postal	កាតប៉ុស្តាល់
senden	* ph/njaö	ផ្ញើ
Telefax	* telefak	តេលេហ្វាក់
Telefon	* tu-ra'-sapt	ទូរស័ព្ទ
Telegramm	* tu-ra'-le:k	ទូរលេខ
Telefonzelle / - kabine	* bånntob tu-ra'-sapt	បន្ទប់ទូរស័ព្ទ
Wechselgeldkasse	* kånnlä:ng do prak	កន្លែងដូរប្រាក់

G AUF DER BANK [now theak-nea-kea]
នៅធនាគារ

1. Wo kann ich Geld wechseln?
*taö khnjom a:dj do prak now äna?
តើខ្ញុំអាចដូរប្រាក់នៅឯណា?

2. Ich möchte diesen Scheck einlösen.
*khnjom djång do sä:k nis.
ខ្ញុំចង់ដូរសែកនេះ។

3. Wie ist der Wechselkurs zur Zeit?
*taö dåmlai pdo prak eilow nis th/lai ponnma:n?
តើតម្លៃប្តូរប្រាក់ ឥឡូវនេះ ថ្លៃប៉ុន្មាន?

4. Ich möchte 100 DM in Riel umwechseln.
*khnjom djång do muaj roj DM djea prak riel.
ខ្ញុំចង់ដូរមួយរយ ដេម៉ាក ជាប្រាក់ រៀល។

5. Ich hätte gerne etwas Kleingeld.
*khnjom djång ba:n prak reaj kh/las.
ខ្ញុំចង់បានប្រាក់រាយខ្លះ។

6. Einen Moment, Ihr Kontoauszug, bitte schön!
*djam muaj phle:t, bångkan-dai khleang robåss look, so:m anj-djö:nj!
ចាំមួយភ្លេត, បង្កាន់ដៃឃ្លាំងរបស់លោក, សូមអញ្ជើញ!

7. Diese Überweisung soll heute getätigt werden.
*kar bånj-djun prak nis trow ke thwö now th/ngai-nis.
ការបញ្ជូនប្រាក់នេះ ត្រូវគេធ្វើនៅថ្ងៃនេះ។

8. Die Miete wird von meinem Konto abgebucht.
*tch/nual phteas trow ke katt pi kong khnjom.
ឈ្នួលផ្ទះត្រូវគេកាត់ពីកុងខ្ញុំ។

ausfüllen	* båmpenj	បំពេញ
auszahlen	*då:k prak djenj	ដកប្រាក់ចេញ
Bankangestellte	*phneak-ngea theak-nea-kea	ភ្នាក់ងារ ធនាគារ
Bankdirektor	*neajoak theak-nea-kea	នាយក ធនាគារ
Banknoten / Papiergeld	*rupei-ja'-ban / prak kräda:s	រូបិយប័ណ្ណ/ ប្រាក់ក្រដាស
Geldwechselschalter	*kånnlä:ng pdo prak	កន្លែងប្ដូរប្រាក់
Geld abheben	*baök prak	បើកប្រាក់
Geld einzahlen	*bånj-djo:l prak	បញ្ចូលប្រាក់
Geld anlegen	*dak prak jaok ka:	ដាក់ប្រាក់យកការ
Girokonto	*kong prak djåmna:j-djåmno:l	កុងប្រាក់ចំណាយចំណូល
Geldschein	*kråda:s prak	ក្រដាសប្រាក់
Konto	*kong	កុង
Kontoauszug	*bångkandai khleang	បង្កាន់ដៃឃ្លាំង
Kassenschalter	*kånnlä:ng totual prak	កន្លែងទទួលប្រាក់
Riel ist die Khmerwährung	*riel koe djea prak khmer	រៀលគឺជាប្រាក់ខ្មែរ
- der Hundertrielschein	*kråda:s muaj roj riel	ក្រដាសមួយរយរៀល
- der Fünfhundertrielschein	*kråda:s pram roj riel	ក្រដាសប្រាំរយរៀល
- der Tausendrielschein	*kråda:s muaj poann riel	ក្រដាសមួយពាន់រៀល
Scheck	*sä:k	សែក
Scheck einlösen	*pdo sä:k	ប្ដូរសែក
Sparbuch	*kong prak sånnsåm	កុងប្រាក់សន្សំ
unterschreiben	*djos hattha'-le:k-kha:	ចុះហត្ថលេខា
überweisen	*bånj-djun prak	បញ្ជូនប្រាក់
Überweisung	* kar bånj-djun prak	ការបញ្ជូនប្រាក់
Zinsen	* prak ka:	ប្រាក់ការ

H AUF DEM BAHNHOF [now stha-ni rott-phlö:ng]
នៅ ស្ថានីយរថភ្លើង

1. Ist der Bahnhof in der Nähe?
*stha-ni rott-phlö:ng now djitt roe?
ស្ថានីយ រថភ្លើង នៅជិត ឬ?

2. Bitte zwei Karten nach Phnom Penh und zurück.
*såmbott djis pi tow phnom-penj noeng trå-låb winj.
សំបុត្រជិះពីរ ទៅ ភ្នំពេញ និង ត្រឡប់វិញ។

3. Wieviel kostet die Fahrkarte nach ...?
*taö såmbott djis th/lai ponnma:n tow ...?
តើ សំបុត្រជិះ ថ្លៃប៉ុន្មាន ទៅ ...?

4. Bitte reservieren Sie zwei Plätze.
*so:m look (neak-srei) båmrong tuk pi kånnlä:ng.
សូមលោក (អ្នកស្រី) បំរុងទុក ពីរកន្លែង។

5. Wohin fährt dieser Zug?
*rott-phlö:ng nis tow äna?
រថភ្លើង នេះ ទៅ ឯណា?

6. Wann fährt der nächste Zug nach Phnom Penh?
*kalna rott-phlö:ng bånntoab djenj tow phnom- penh?
កាលណា រថភ្លើង បន្ទាប់ ចេញ ទៅ ភ្នំពេញ?

7. Geht das Gepäck mit demselben Zug ab?
*taö eiwan tow djeamuaj rott-phlö:ng nis dä roe?
តើ អីវ៉ាន់ ទៅជាមួយ រថភ្លើងនេះ ដែរឬ?

8. Mein Koffer ist weg, bitte helfen Sie mir!
*ka-bo:b khnjom batt, so:m look djuaj khnjom phå:ng!
កាបូបខ្ញុំ បាត់ សូមលោក ជួយខ្ញុំ ផង!

abfahren	*djenj dåmnaö	ចេញដំណើរ
Abfallkorb	*thung såmra:m	ធុង សម្រាម
Abteil	*bånntob tu-rott-phlö:ng	បន្ទប់ទូរថភ្លើង
ankommen	*maok dåll	មកដល់
aussteigen	*djos djenj	ចុះចេញ
Bahnsteig	*djenj-djaöm thnåll rott-phlö:ng	ចិញ្ចើមថ្នល់រថភ្លើង
einsteigen	*laöng djis	ឡើងជិះ
Fahrkarte (einfach)	*såmbott djis tä tow	សំបុត្រជិះ តែទៅ
- Hin und Zurück	*såmbott djis tow- maok	សំបុត្រជិះ ទៅមក
Fahrkartenschalter	*bånntob lok såmbott	បន្ទប់លក់សំបុត្រ
Fahrplan	*phä:n-ti baök-bå:	ផែនទីបើកបរ
Gepäckannahme	*kånnlä:ng ph/njaö eiwan	កន្លែងផ្ញើអីវ៉ាន់
Gepäckausgabe	*kånnlä:ng jaok eiwan	កន្លែងយកអីវ៉ាន់
Gleis	*phlaow dä:k	ផ្លូវដែក
Nichtraucher	*min djok ba-rei	មិនជក់បារី
Notbremse	*sirä:n mean a-sånn	ស៊ីរ៉ែន មានអាសន្ន
Platzreservierung	*kånnlä:ng båmrong-tuk	កន្លែងបំរុងទុក
Raucher	*djok ba-rei	ជក់បារី
Schaffner / Kontrolleur	*phneak-ngea rotes phlö:ng	ភ្នាក់ងារ រទេះភ្លើង
Stadtplan	*phä:n-ti ti-krong	ផែនទី ទីក្រុង
Station	*djåm-nå:t	ចំណត
Toilette	*bång-koann	បង្គន់
umsteigen	*pdo rotes (rott) phlö:ng	ប្តូរ រទេះ(រថ) ភ្លើង
Waggon (Wagen)	*tu (rott-phlö:ng)	ទូ (រថភ្លើង)
Wagennummer	*le:k tu	លេខទូ
Warteraum	*bånntob rong-djam	បន្ទប់រង់ចាំ

I AM FLUGPLATZ [now djåmnå:t a-ka:sjean]
នៅ ចំណត អាកាសយាន

1. Wie viele Flüge gibt es von Phnom Penh nach Battambang?
*taö kar hås-haö mean ponnma:n då:ng pi phnom-penh tow batt-dåmba:ng?
តើការហោះហើរ មានប៉ុន្មានដង ពី ភ្នំពេញ ទៅ បាត់ដំបង?

2. Es gibt zwei Flüge in der Woche (Montag und Freitag).
*mean pi då:ng khnong muaj sab-pda: (th/ngai djann noeng th/ngai sok).
មានពីរដង ក្នុងមួយ សប្ដាហ៍ (ថ្ងៃច័ន្ទ និង ថ្ងៃសុក្រ)។

3. Wann kommt meine Maschine an?
*taö kalna joann-hås khnjom maok dåll?
តើកាលណា យន្តហោះ ខ្ញុំ មកដល់?

4. Sie hat heute Verspätung.
*wea mean kar joet-ja:w th/ngai nis.
វា មាន ការយឺតយ៉ាវ ថ្ងៃនេះ។

5. Ich habe meine Bordkarte verloren, bitte helfen Sie mir!
*khnjom batt såmbott djis, so:m look djuaj khnjom phå:ng!
ខ្ញុំបាត់ សំបុត្រជិះ សូមលោកជួយ ខ្ញុំ ផង!

6. Wo werden wir zwischenlanden?
*taö jö:ng noeng djos-såm-djå:t now äna?
តើ យើង នឹង ចុះសំចត ទៅ ឯណា?

7. Wann fliegt die nächste Maschine nach Deutschland?
*kalna joann-hås bånntoab djenj tow allömång?
កាលណា យន្តហោះបន្ទាប់ ចេញ ទៅ អាល្លឺម៉ង់?

8. Kann ich das als Handgepäck mitnehmen?
*taö khnjom a:dj jaok robåss nis tow djea-muaj ba:n te?
តើខ្ញុំអាចយករបស់នេះ ទៅជាមួយ បានទេ?

Abflug	*kar hås djenj	ការហោះចេញ
Ankunft	*kar maok dåll	ការមកដល់
anschnallen	*dak khsä kråwatt	ដាក់ខ្សែក្រវ៉ាត់
Ausgang	*phlaow djenj	ផ្លូវចេញ
Bordkarte	*ban (såmbott) djis	ប័ណ្ណ(សំបុត្រ)ជិះ
Damentoilette	*bång-koann srei	បង្គន់ស្រី
deklarieren	*reaj-ka:	រាយការណ៍
Eingang	*phlaow djo:l	ផ្លូវចូល
Flugschein	*såmbot joann-hås	សំបុត្រយន្តហោះ
Flugzeug	*joann-hås / a-ka:sjean	យន្តហោះ / អាកាសយាន
Fluggesellschaft	*kromhunn a-ka:sdjå:	ក្រុមហ៊ុនអាកាសចរ
Gepäckannahme	*kånnlä:ng ph/njaö eiwan	កន្លែងផ្ញើអីវ៉ាន់
Gepäckausgabe	*kånnlä:ng jaok eiwan	កន្លែងយកអីវ៉ាន់
Herrentoilette	*bång-koann pross	បង្គន់ប្រុស
Information (I)	*monnti khoo-sna-ka:	មន្ទីរឃោសនាការ
Nichtraucher	*min djok barei	មិនជក់បារី
Paßkontrolle	*kar pi'-nitt likett tchlå:ng dä:n	ការពិនិត្យលិខិតឆ្លងដែន
Raucher	*djok barei	ជក់បារី
Schalter	*bånntob lok såmbott	បន្ទប់លក់សំបុត្រ
Stewardeß	*kanj-nja a-ka:sdjå	កញ្ញាអាកាសចរ
Taxistand	*djåm-nå:t taxi	ចំណតតាក់ស៊ី
Transfer	*kar pdo joann-hås	ការប្តូរយន្តហោះ
Verspätung	*kar joet-ja:w	ការយឺតយ៉ាវ
Visum	*titthaka:(kar bånj-djeak lö paspor)	ទិដ្ឋាការ(ការបញ្ជាក់លើប៉ាស្ប៉ោរ)
Warteraum	*bånntob rong-djam	បន្ទប់រង់ចាំ
Zoll	*ko:j	គយ

J IM HOTEL [now sånntha-kea]
នៅសណ្ឋាគារ

1. Ich habe bei Ihnen ein Zimmer bestellt.
*khnjom ba:n djual bånntob muaj djea-muaj look (neak-srei).
ខ្ញុំបានជួល បន្ទប់មួយ ជាមួយ លោក (អ្នកស្រី)។

2. Wie ist Ihr Name, bitte!
*taö tch/moas look awey?
តើឈ្មោះលោក អ្វី?

3. Ein Doppelzimmer für eine Woche, nicht wahr?
*bånntob pi neak såmrab muaj a-titt, me:n te?
បន្ទប់ពីរនាក់ សម្រាប់មួយអាទិត្យ មែនទេ?

4. Wieviel kostet das Zimmer pro Tag (Woche)?
*taö bånntob nis th/lai ponnma:n khnong muaj th/ngai (a-titt)?
តើបន្ទប់នេះថ្លៃប៉ុន្មាន ក្នុងមួយថ្ងៃ (អាទិត្យ)?

5. Gibt es für Kinder eine Ermäßigung?
*taö mean kar djos th/lai kh/las te såmrab kme:ng?
តើមានការចុះថ្លៃខ្លះទេ សម្រាប់ក្មេង?

6. Kann ich mir das Zimmer ansehen?
*taö khnjom a:dj mö:l bånntob khnjom ba:n roe?
តើខ្ញុំអាចមើលបន្ទប់ខ្ញុំ បានឬ?

7. Können Sie noch ein Kinderbett hereinstellen?
*taö look a:dj dak kre: kme:ng muaj thä:m tiert ba:n te?
តើលោកអាច ដាក់គ្រែក្មេង មួយថែមទៀតបានទេ?

8. Kann ich mein Gepäck hierlassen?
*taö khnjom a:dj tuk eiwan khnjom now ti-nis ba:n te?
តើខ្ញុំអាចទុក អីវ៉ាន់ខ្ញុំ នៅទីនេះ បានទេ?

Bad / Dusche	* bånntob ngu:t toek	បន្ទប់ងូតទឹក
Balkon	* balkong	បាល់កុង
Doppelzimmer/ -bett	* bånntob pi neak	បន្ទប់ពីរនាក់
Empfangsraum	* bånntob-totual-ph/njierw	បន្ទប់ទទួលភ្ញៀវ
Etage	* djoann	ជាន់
Einzelzimmer/ -bett	* bånntob m/neak	បន្ទប់ម្នាក់
Frühstück	* sråss-sro:b	ស្រស់ស្រូប
Handtuch	* kånnsä:ng dju:t muk	កន្សែងជូតមុខ
Hotelboy	* kme:ng-båmraö sånntha-kea	ក្មេងបំរើសណ្ឋាគារ
Hoteldirektor	* neajoak-sånntha-kea	នាយកសណ្ឋាគារ
Hotelgast	* ph/njierw-sånntha-kea	ភ្ញៀវសណ្ឋាគារ
Hotelrechnung	* dåmlai djual sånntha-kea	តម្លៃជួលសណ្ឋាគារ
Hotelzimmer	* bånntob now sånntha-kea	បន្ទប់នៅសណ្ឋាគារ
Kleiderschrank	* tu pjuar såmlea:k-båmpeak	ទូព្យួរសម្លៀកបំពាក់
Klimaanlage	* masin trå-djeak	ម៉ាស៊ីនត្រជាក់
Lichtschalter	* kongtak phlö:ng	កុងតាក់ភ្លើង
Portier	* neak jea:m thwea	អ្នកយាមទ្វារ
Reisekoffer	* wali:s / ka-bo:b	វ៉ាលីស / កាបូប
Reisepaß	* li'-khett tchlå:ng dä:n	លិខិតឆ្លងដែន
Speisesaal	* phoo-djeak-neak tha:n	ភោជនដ្ឋាន
Toilette	* bångkoann	បង្គន់
verlängern	* bånntå (ponnjea pe:l)	បន្ត (ពន្យារពេល)
Zimmerkellner	* neak-båmraö ta:m bånntob	អ្នកបំរើតាមបន្ទប់
Zimmernummer	* le:k bånntob	លេខបន្ទប់
Zimmerschlüssel	* ko:n-sao bånntob	កូនសោបន្ទប់
Zimmertelefon	* tu-ra'-sapt now bånntob	ទូរស័ព្ទនៅបន្ទប់

K IM RESTAURANT [now phoo-djeak-ni-jeak-tha:n]
នៅភោជនីយដ្ឋាន

1. Ist dieser Tisch noch frei?
*taö tok nis now tomne: te?
តើតុនេះនៅទំនេរទេ?

2. Herr Ober / Fräulein, ich hätte gern eine Speisekarte.
*p/o:n / nea:ng , khnjom som sierw-phow muk-mho:b.
ប្អូន /នាង, ខ្ញុំសុំសៀវភៅមុខម្ហូប។

3. Wir möchten etwas essen.
*jö:ng djång bå-ri'-phook bånntedj-bånntuadj.
យើងចង់បរិភោគបន្តិចបន្តួច។

4. Haben Sie auch vegetarische Speisen?
*taö look (neak-srei) mean mho:b thwö tä pi bånnlä dä te?
តើលោក(អ្នកស្រី) មានម្ហូបធ្វើតែពីបន្លែដែរទេ?

5. Hat es Ihnen geschmeckt?
*taö look (neak-srei) tch/nganj te?
តើលោក(អ្នកស្រី) ឆ្ងាញ់ទេ?

6. Möchten Sie noch etwas?
*taö look (neak-srei) djång anj-djö:nj jaok awey tiert roe?
តើ លោក(អ្នកស្រី) ចង់អញ្ជើញយកអ្វីទៀតឬ?

7. Bitte eine Tasse Tee und zwei Cola.
*som jaok toek-tä muaj pe:ng noeng kola pi kä:w.
សុំយកទឹកតែមួយប៉េង និង កូឡា ពីរកែវ។

8. Bitte reservieren Sie einen Tisch für vier Personnen, für nächste Woche um 20 Uhr.
*so:m look båmrong tok muaj såmrab buan neak, now sab-pda kraoj maong mophey.
សូមលោកបំរុងតុមួយ សម្រាប់បួននាក់ នៅសប្តាហ៍ក្រោយ ម៉ោងម្ភៃ។

SPEISEKARTE

1.Suppen

Reissuppe mit Fisch	*båbå sa:m-djo:k trei-rås	បបរសាមចូក ត្រីរស់
Reissuppe mit Hühnerfleisch	*båbå sadj moann	បបរ សាច់មាន់
Reissuppe mit Schweinefleisch	*båbå sadj djru:k	បបរ សាច់ជ្រូក
Nudelsuppe mit Entenfleisch	*kuj teaw sadj tea	គុយទាវ សាច់ទា
Nudelsuppe mit Hühnerfleisch	*kuj teaw sadj moann	គុយទាវ សាច់មាន់
Nudelsuppe / Schweinefleisch	*kuj teaw sadj djru:k	គុយទាវ សាច់ជ្រូក
Nudelsuppe mit Rindfleisch	*kuj teaw sadj koo	គុយទាវ សាច់គោ
Wan-tan-Suppe	*sub wantan	ស៊ុប វ៉ាន់តាន់

2.Vorspeisen

Frühlingsrolle	*nä:m	ណែម
Hühnerfleischsalat	*njoam sadj moann	ញាំសាច់មាន់
Gemischter Gemüsesalat	*njoam bånnlä djåmros	ញាំបន្លែចម្រុះ
Krabbensalat	*njoam kåmpis	ញាំកំពិស
Krebsfleischsalat	*njoam sadj kda:m	ញាំសាច់ក្ដាម

3.Reis

Naturreis (weißer Reis)	*ba:j så:	បាយ ស
Gebratener Reis	*ba:j li:ng	បាយលីង

4. Hauptgerichte

Frittiertes	*båmpo:ng	បំពង
- Fisch mit Sauce	- trei toek djroloak	-ត្រីទឹកជ្រលក់
- Krabben mit Sauce	- bångkea toek djroloak	-បង្គាទឹកជ្រលក់
- Hühnerfleisch mit Sauce	- sadj moann toek djroloak	-សាច់មាន់ទឹកជ្រលក់
- Schweinefleisch mit Sauce	- sadj djru:k toek djroloak	-សាច់ជ្រូកទឹកជ្រលក់

Gebratenes	*tcha	ឆា
- Entenfleisch mit Ananas	- sadj tea noeng mnoas	-សាច់ទានិងម្នាស់
- Hummer mit Ananas	- bångkea noeng mnoas	-បង្គានិងម្នាស់
- Hühnerfleisch mit Ingwer	- sadj moann / kh/njei	-សាច់មាន់ ខ្ញី
- Nudeln	- kuj teaw	-គុយទាវ
- Rindfleisch mit Paprika	- sadj koo / mte:s phaok	-សាច់គោ ម្ទេសភ្លោក
- Rinderfilet in Sauce	- bisteck	-ប៊ិសស្តីក
- Schweinefleisch	- sadj djru:k	-សាច់ជ្រូក
Gebackenes	*kwai / ang	ខ្វៃ / អាំង
- Ente (Peking Ente)	tea-khwai	ទាខ្វៃ
- Fisch	trei-rås ang	ត្រីរ៉ស់អាំង
- Hähnchen	moann ang	មាន់អាំង
- Rindfleisch	sadj-koo ang	សាច់គោអាំង
- Schweinefleisch	djru:k-kwai	ជ្រូកខ្វៃ
Gekochtes	*s/ngao:r	ស្ងោរ
- Ente	- tea/ tea tim /tea pak low	-ទា / ទាទីម / ទាផាក់ឡូវ
- Fisch mit Sauce	- trei-rås toek djroloak	-ត្រីរ៉ស់ ទឹកជ្រលក់
- Hähnchen mit Sauce	- moann toek djroloak	-មាន់ ទឹកជ្រលក់
- Langusten	- bångkå:ng	-បង្កង
Sauce		
- Fischsauce	*toek trei	ទឹកត្រី
- Sojasauce	*toek si-iw	ទឹកស៊ីអ៊ីវ
- Süß-saure-Sauce	*toek djroloak dju-ä:m	ទឹកជ្រលក់ជូរអែម

5. Dessert	***bång-ä:m**	បង្អែម
Ananas	*mnoas	ម្នាស់
- gebratene Ananas	*mnoas djiern	ម្នាស់ចៀន
Banane	*dje:k	ចេក
- gebratene Banane	*dje:k djiern	ចេកចៀន
Eis	*kare:m	ការ៉េម
Mango	*swa:j	ស្វាយ
Melone	*tråsåk-srow	ត្រសក់ស្រូវ
-Wassermelone	*ow-lök	ឪឡឹក
Papaya	*l/hong	ល្ហុង
Kuchen	*nom ph/ä:m	នំផ្អែម
6. Getränke	***phe-sadjeak**	ភេសជ្ជៈ
Bier	*la:b-je:	ឡាបយេ
Coca Cola	*koka kola	កូកាកូឡា
Cognac	*sra: ko-njak	ស្រាកូញ៉ាក់
Fanta	*fanta	ហ្វាន់តា
Kaffee	*kafe	កាហ្វេ
Kokossaft	*toek do:ng	ទឹកដូង
Milch	*toek dås-koo	ទឹកដោះគោ
Mineralwasser	*toek bå-re'-sott	ទឹកបរិសុទ្ធ
Schnaps	*sra:-så:	ស្រា ស
Sprite	*spreit	ស៊ីប្រាយត៍
Tee	*tä:	តែ
Whisky	*sra wiski	ស្រាវិស្គី
Wein	*sra tompeang ba:j dju:	ស្រាទំពាំងបាយជូរ

Aschenbecher	* prådab dak krå-njå:m barei	ប្រដាប់ដាក់ក្រញូមបារី
Eßstäbchen	* djång-kös	ចង្កឹះ
Eßtisch	* tokba:j	តុបាយ
Gabel	* så:m	សម
Glas	* kä:w	កែវ
Kellner	* neak-båmraö	អ្នកបំរើ
Koch	* djong-phow	ចុងភៅ
Knoblauch	* kh/tim så:	ខ្ទឹម ស
Löffel	* sla:b-prea	ស្លាបព្រា
Messer	* kambett	កាំបិត
Nachtisch	* bång-ä:m kraoj ba:j	បង្អែមក្រោយបាយ
Pfeffer	* m/redj	ម្រេច
Rechnung	* bånj-dji-lujkak	បញ្ជីលុយកាក់
Salz	* åmbell	អំបិល
Selbstbedienung	* kar båmraö daoj khluan-ä:ng	ការបំរើដោយខ្លួនឯង
Serviette	* kråda:s / såmpott-dju:t	ក្រដាស / សំពត់ជូត
Speisekarte	* sierw-phow muk mho:b	សៀវភៅមុខម្ហូប
Strohhalm	* båmpong bö:t	បំពង់បឺត
Tasse	* pe:ng tä	ប៉េងតែ
Teekanne	* panntä:	ប៉ាន់តែ
Teller	* dja:n ba:j	ចានបាយ
-kleiner Teller	* dja:n ba:j to:dj	ចានបាយតូច
Trinkgeld	* prak-rongwoann	ប្រាក់រង្វាន់
warmes Gericht	* m/ho:b kdau	ម្ហូបក្តៅ
Zahnstocher	* tchö-djak-th/menj	ឈើចាក់ធ្មេញ
Zucker	* skå:r	ស្ករ

L AN DER TANKSTELLE [now ph/teas lok pre:ng entheak-neak]
នៅផ្ទះលក់ប្រេងឥន្ធនៈ

1. Wo ist die nächste Tankstelle?
*taö ph/teas lok pre:ng entheak-neak bånntoab tiert now äna?
តើផ្ទះលក់ប្រេងឥន្ធនៈ បន្ទាប់ទៀត នៅឯណា?

2. Den Tank voll, bitte!
*so:m djak aoj penj!
សូមចាក់ឲ្យពេញ!

3. Ich möchte 20 Liter Diesel / Benzin / Super.
*khnjom djång ba:n ma-su:t mophey li:t / sang /super.
ខ្ញុំចង់បាន ម៉ាស៊ូត ម្ភៃលីត្រ / សាំង / ស៊ូប៉ែ។

4. Säubern Sie bitte die Windschutzscheibe.
*so:m look dju:t kanj-djåk muk.
សូមលោកជូតកញ្ចក់មុខ។

5. Ich brauche 4 Liter Motorenöl.
*khnjom trow kar pre:ng ma-si:n buan li:t.
ខ្ញុំត្រូវការប្រេងម៉ាស៊ីន បួនលីត្រ។

Benzin	*pre:ng sang	ប្រេងសាំង
Benzin bleifrei	*pre:ng sang ått såmnå:	ប្រេងសាំងអត់សំណ
Benzinkanister	*bi-dong sang	ប៊ីដុងសាំង
Diesel	*ma-su:t	ម៉ាស៊ូត
Super	*super	ស៊ូប៉ែ
Super bleifrei	*super ått såmnå:	ស៊ូប៉ែអត់សំណ
Tankwart	*neak djak sang	អ្នកចាក់សាំង
Tankrechnung	*bånj-dji djak sang	បញ្ជីចាក់សាំង
tanken	*djak sang	ចាក់សាំង

M IM STRAßENVERKEHR [dja'-ra-djå / kar thwö dåmmnaö lö thnåll]
ចរាចរ / ការធ្វើដំណើរលើថ្នល់

Ampel	* phlö:ng dja'-ra-djå:	ភ្លើងចរាចរ
Baustelle	* sa-thea:rna'-ka:	សាធារណការ
Bushaltestelle	* djåmnå:t la:n tchnual	ចំណតឡានឈ្នួល
Einbahnstraße	* phlaow dja'-ra-djå tä tow	ផ្លូវចរាចរតែទៅ
Fußgängerüberweg	* phlaow monuss daö tch/lå:ng	ផ្លូវមនុស្សដើរឆ្លង
Führerschein	* såmbott thi:	សំបុត្រធី
Gegenverkehr	* phlaow dja'-ra-djå: tow-maok	ផ្លូវចរាចរទៅមក
geradeaus	* tow trång	ទៅត្រង់
Geschwindigkeit	* l/börn baök-bå:	ល្បឿនបើកបរ
Kreuzung	* phlaow khwä:ng khnea	ផ្លូវខ្វែងគ្នា
langsam fahren!	* baök joet -joet!	បើកយឺតៗ!
LKW	* la:n thom dök eiwan	ឡានធំដឹកអីវ៉ាន់
Nach links abbiegen	* bått tow kha:ng tch/we:ng	បត់ទៅខាងឆ្វេង
Nach rechts abbiegen	* bått tow kha:ng sdam	បត់ទៅខាងស្តាំ
parken	* djå:t la:n	ចតឡាន
Parkplatz	* djåmnå:t la:n	ចំណតឡាន
Parkverbot	* ha:m min aoj djå:t	ហាមមិនឲ្យចត
PKW	* la:n to:dj	ឡានតូច
rückwärts fahren	* baök thåj kraoj	បើកថយក្រោយ
Straße	* phlaow thnåll	ផ្លូវថ្នល់
Verkehrszeichen	* sanj-nja dja'-ra-djå:	សញ្ញាចរាចរ
Verkehrsunfall	* kroas-thnak-dja'-ra-djå:	គ្រោះថ្នាក់ចរាចរ
Vorfahrt	* mean sitt tow munn	មានសិទ្ធិទៅមុន

N VERKEHRSUNFÄLLE [kroas-thnak dja'-ra-djå:]
គ្រោះថ្នាក់ចរាចរ

1. Ich habe einen Unfall gehabt.
*khnjom mean kroas-thnak.
ខ្ញុំមានគ្រោះថ្នាក់។

2. Verständigen Sie bitte die Polizei!
*so:m look djun pordåmean tow kråsuang polis.
សូមលោកជូនពត៌មានទៅក្រសួងប៉ូលិស។

3. Können Sie mein Zeuge sein?
*taö look a:dj thwö djea sa:k-sei khnjom ba:n te?
តើលោកអាចធ្វើជាសាក្សីខ្ញុំបានទេ?

4. Bitte geben Sie Ihren Namen und Ihre Adresse an!
*so:m look aoj tch/moas noeng a-sai-ja'-tha:n look maok !
សូមលោកឲ្យឈ្មោះ និង អាស័យដ្ឋានលោកមក!

5. Ich hatte Vorfahrt.
*khnjom mean sitt tow munn.
ខ្ញុំមានសិទ្ធិទៅមុន។

6. Es ist niemand verletzt.
*ett mean no-na robuas te:.
ឥតមាននរណារបួសទេ។

7. Wo ist Ihr Wagen versichert?
*taö la:n look ba:n thwö theanea rab-rå:ng now äna?
តើឡានលោកបានធ្វើធានារ៉ាប់រងនៅឯណា?

8. Wo ist eine Reparaturwerkstatt?
*taö ph/teas djuas-djull la:n now äna:?
តើផ្ទះជួសជុលឡាននៅឯណា?

Abschleppdienst	*krom dök-sånndaong rott-joann	ក្រុមដឹកសណ្តោងរថយន្ត
abschleppen	*sånndaong	សណ្តោង
Abschleppseil	*khsä sånndaong	ខ្សែសណ្តោង
Abschleppwagen	*la:n sånndaong	ឡានសណ្តោង
Feuerwehr	*krom lott phlö:ng	ក្រុមលត់ភ្លើង
Führerschein	*såmbott thi:	សំបុត្រធី
Hilfe	*djomnuaj	ជំនួយ
Krankenwagen	*la:n pet	ឡានពេទ្យ
Panne	*bä:k kång	បែកកង់
Polizei	*kråsuang polis	ក្រសួងប៉ូលិស
Rechtsanwalt	*me-theawi	មេធាវី
reparieren	*djuas djull	ជួសជុល
Reparaturwerkstatt	*phteas djuas-djull rott-joann	ផ្ទះជួសជុលរថយន្ត
Telefon	*tu-ra`-sapt	ទូរស័ព្ទ
Tod	*neak slab	អ្នកស្លាប់
Unfall	*kroas-thnak	គ្រោះថ្នាក់
Unfallprotokoll	*sadj-kdei reaj-kar pi kroas-thnak	សេចក្តីរាយការណ៍ពីគ្រោះថ្នាក់
Unfallort	*ti kånnlä:ng dä:l kroas-thnak	ទីកន្លែងដែលគ្រោះថ្នាក់
Unfallversicherung	*kar teanea rab-rå:ng kroas-thnak	ការធានារ៉ាប់រងគ្រោះថ្នាក់
Verbandszeug	*prådab pråda: rum robuas	ប្រដាប់ប្រដារុំរបួស
verletzen	*robuas	របួស
Verletzte	*neak robuas	អ្នករបួស
Versicherung	*kar theanea rab-rå:ng	ការធានារ៉ាប់រង
Versicherungs-Nr.	*le:k såmkoall kar theanea	លេខសំគាល់ការធានា
Zusammenstoß	*kar pas-tongkidj khnea	ការប៉ះទង្គិចគ្នា

O IN DER AUTOWERKSTATT [roong djea:ng djuas-djull la:n]
រោងជាង ជួសជុលឡាន

Anlasser	*demarör	ដេម៉ារ៉ឿរ
(nicht) anspringen	*(min) tchäs	(មិន) ឆេះ
Autoreifen	*kausu: kångla:n	កៅស៊ូកង់ឡាន
Batterie	*thung a-kuj	ធុងអាគុយ
Bremsflüssigkeit	*pre:ng frang	ប្រេងហ្វ្រាំង
Bremspedal	*tch/noann frang	ឈ្នាន់ហ្វ្រាំង
destilliertes Wasser	*toek djåmranj	ទឹកចម្រាញ់
Gangschaltung	*prå-åb-le:k	ប្រអប់លេខ
Gaspedal	*tch/noann ga:s	ឈ្នាន់ការ
Handbremse	*frang dai	ហ្វ្រាំងដៃ
kaputt	*kho:dj / bak / bä:k	ខូច / បាក់ / បែក
Keilriemen	*khsä-pean	ខ្សែពាន
Kupplungspedal	*tch/noann do le:k	ឈ្នាន់លេខ
Lenkrad	*dai-djångko:t	ដៃចង្កូត
Lichtmaschine	*dom-phlö:ng	ដុំភ្លើង
Luftfilter	*dåm-rå:ng khjåll	តម្រងខ្យល់
Öl	*pre:ng ma-sin	ប្រេងម៉ាស៊ីន
Ölfilter	*dåm-rå:ng pre:ng	តម្រងប្រេង
prüfen	*pi'-nitt mö:l	ពិនិត្យមើល
reparieren	*djuas-djull	ជួសជុល
Scheinwefer	*phlö:ng fa:	ភ្លើងហ្វា
wechseln	*do / pdo	ដូរ / ប្ដូរ
Zündkerze	*bu-si:	ប៊ូស៊ី

P IN DER STADT [now ti-krong]
នៅទីក្រុង

Altstadt	*ti-krong djass	ទីក្រុងចាស់
Bibliothek	*panna-lai	បណ្ណាល័យ
Botschaft	*stha:n-tu:t	ស្ថានទូត
Bushaltestelle	*djåmnå:t la:n tch/nual (bis)	ចំណតឡានឈ្នួល (ប៊ីស)
Denkmal	*wi'-mean a'-nus-sawri:	វិមានអនុស្សាវរីយ៍
Einkaufszentrum	*mondoll peanidj-djeakkam	មណ្ឌលពាណិជ្ជកម្ម
Fußgängerüberweg	*phlaow monuss daö tch/lå:ng	ផ្លូវមនុស្សដើរឆ្លង
Fußgängerzone	*mondoll såmrab monuss daö	មណ្ឌលសម្រាប់មនុស្សដើរ
Gebäude	*a-kea:r	អាគារ
Geschäft	*ha:ng lok tomninj	ហាងលក់ទំនិញ
Hauptbahnhof	*a'-keak stha:ni rott-phlö:ng	អគ្គស្ថានីយរថភ្លើង
Hochhaus	*wi'-mean / phteas khposs	វិមាន / ផ្ទះខ្ពស់
Innenstadt	*kånnda:l ti-krong	កណ្ដាលទីក្រុង
Kirche	*wi'-hea preah jesu:	វិហារព្រះយេស៊ូ
Konsulat	*kongsulat	កុងស៊ុលឡា
Markt	*phsa:	ផ្សា
Markthalle	*a-kea thom såmrab ti phsa:	អាគារធំសម្រាប់ទីផ្សា
Ministerium	*krå-suang rott monntrei	ក្រសួងរដ្ឋមន្ត្រី
Museum	*sara'-monnti	សារមន្ទីរ
Pagode	*woatt	វត្ត
Palast	*preah readjeak weang	ព្រះរាជវាំង
Postamt	*kråsuang prai-sa'-ni	ក្រសួងប្រៃសណីយ៍
Stadion	*peak-hu'-keila-tha:n	ពហុកីឡាដ្ឋាន
Universität	*moha-wit-tjealai	មហាវិទ្យាល័យ

AUF DEM MARKT [now ti phsa:]
នៅទីផ្សារ

Antiquitäten	*robåss bora:n	របស់បូរាណ
Antiquitätengeschäft	*kånlä:ng lok robåss bora:n	កន្លែងលក់របស់បូរាណ
Auswahl	*tomrö:s	ទំរើស
Bäckerei	*kånlä:ng lok nompang	កន្លែងលក់នំប៉័ង
Bekleidungsabteilung	*ph/nä:k såmlierk-båmpeak	ផ្នែកសម្លៀកបំពាក់
bezahlen	*bång prak th/lai tinj	បង់ប្រាក់ថ្លៃទិញ
Bijouterie	*kånlä:ng lok krörng a'-langka:	កន្លែងលក់គ្រឿងអល័ង្កា
Damenmode	*mo:t såmrab strei (srei)	ម៉ូតសម្រាប់ស្ត្រី (ស្រី)
Einkaufsbummel	*kar daö tinj trä:t-trå:t	ការដើរទិញត្រេតត្រត
Fischerei	*kånlä:ng lok trei	កន្លែងលក់ត្រី
Herrenmode	*mo:t såmrab bo'-råss (pross)	ម៉ូតសម្រាប់បុរស(ប្រុស)
Kasse	*kånlä:ng totual prak	កន្លែងទទួលប្រាក់
Käufer	*neak tinj	អ្នកទិញ
Metzgerei	*kånlä:ng lok sadj	កន្លែងលក់សាច់
Preise	*dåmlai	តម្លៃ
-günstige Preise	*dåmlai såm-l/mo:m	តម្លៃសមល្មម
-hohe Preise	*dåmlai kh/poss	តម្លៃខ្ពស់
Qualität	*kunn-na'-pheap	គុណភាព
-gute Qualität	*kunn-na'-pheap l/å	គុណភាពល្អ
-schlechte Qualität	*kunn-na'-pheap a-kråk	គុណភាពអាក្រក់
Spielwarenabteilung	*ph/nä:k robåss le:ng	ផ្នែករបស់លេង
Souvenirartikel	*robåss a'-nus-sawri:	របស់អនុស្សាវរីយ៍
Verkäufer	*neak lok	អ្នកលក់

1. Fische	***trei**	**ត្រី**
Aale	*ånntong	អន្ទង់
Krabben	*kda:m	ក្ដាម
Langusten	*bångkå:ng	បង្កង
2. Fleisch	***sadj**	**សាច់**
Gänse	*k/nga:n	ក្ងាន
Hühnerfleisch	*sadj-moann	សាច់មាន់
Kalbfleisch	*sadj ko:n-koo	សាច់កូនគោ
Puten	*moann too	មាន់ទោ
Rindfleisch	*sadj-koo	សាច់គោ
Schweinefleisch	*sadj-djru:k	សាច់ជ្រូក
3. Gemüse	***bånnlä**	**បន្លែ**
Bohnen	*sånndä:k	សណ្ដែក
Blumenkohl	*phka: spey	ផ្កាស្ពៃ
Chinakohl	*spey-kdaob	ស្ពៃក្ដោប
Gurken	*trå-såk	ត្រសក់
Paprika	*mte:s ph/laok	ម្ទេសប្លោក
Tomaten	*pe:ng-pås	ប៉េងពោះ
Weißkohl	*spey-så:	ស្ពៃ ស
Zwiebeln	*kh/tim barang	ខ្ទឹមបារាំង
4. Obst / Früchte	***phä-tchö**	**ផ្លែឈើ**
Ananas	*mnoass	ម្នាស់
Bananen	*dje:k	ចេក
Mangos	*swa:j	ស្វាយ
Kokosnüsse	*do:ng	ដូង
Trauben	*tompeang-ba:j-dju:	ទំពាំងបាយជូរ

5. Kleidung, Wäsche

Anzug	*khao-a:w krwa-se	ខោអាវក្រូវ៉ាសេ
Badeanzug	*khao-a:w mudj toek (pross)	ខោអាវមុជទឹក(ប្រុស)
Badehose	*khao mudj toek (pross)	ខោមុជទឹក (ប្រុស)
Bikini	*khao-a:w mudj toek (srei)	ខោអាវមុជទឹក(ស្រី)
Halstuch	*såmpott rumm kå:	សំពត់រុំ ក
Handschuhe	*sro:m dai	ស្រោមដៃ
Hemd	*a:w sö-mik	អាវសឺមិក
- mit kurzen Ärmeln	*a:w sö-mik dai kh/lei	អាវសឺមិកដៃខ្លី
Hose	*khao le:w	ខោឡេវ
- kurze Hose	*khao le:w djö:ng kh/lei	ខោឡេវជើងខ្លី
Hut	*muak	មួក
Kleid	*ro:b	រ៉ូប
Krawatte	*krawatt	ក្រាវ៉ាត់
Lederhose	*khao sbä:k	ខោស្បែក
Lederjacke	*a:w sbä:k	អាវស្បែក
Mantel	*a:w mangto	អាវម៉ង់តូ
Nachthemd	*a:w peak job	អាវពាក់យប់
Pullover	*a:w joet såmrab ro-ngea	អាវយឺតសម្រាប់រងា
Regenmantel	*a:w ph/lierng	អាវភ្លៀង
Rock	*såmpott saköt	សំពត់សាកឺត
Schlafanzug	*khao-a:w de:k	ខោអាវដេក
Socken	*sro:m djö:ng kh/lei	ស្រោមជើងខ្លី
Strümpfe	*sro:m djö:ng we:ng	ស្រោមជើងវែង
Weste	*a:w joet / a:w kak	អាវយឺត / អាវកាក់

R UNTERRICHT [kar sek-sa:] ការសិក្សា

Akademie	* widjea-stha:n	វិជ្ជា ស្ថាន
Arbeiten schreiben	* prålå:ng så-se	ប្រឡងសរសេរ
Direktor	* neajoak sala riern	នាយកសាលារៀន
Examen	* kar prålå:ng bånj-djåb	ការប្រឡងបញ្ចប់
Grundschule	* sala pa'-thoam sek-sa:	សាលាបឋមសិក្សា
Gymnasium	* wit-tjealai	វិទ្យាល័យ
Haupt- / Realschule	* a'-nu'-wit-tjealai	អនុវិទ្យាល័យ
Hausaufgabe	* kedj-ka söss	កិច្ចការសិស្ស
Lehrer	* look kru: / sastra-dja:	លោកគ្រូ / សាស្ត្រាចារ្យ
Lehrbuch	* sierw-phow sek-sa:	សៀវភៅសិក្សា
Noten	* pinntuk	ពិន្ទុ
-sehr gut	* l/å nass	ល្អណាស់
-gut	* l/å	ល្អ
-befriedigend	* bångkuar	បង្គួរ
-ausreichend	* krob-kroann	គ្រប់គ្រាន់
-mangelhaft	* min krob-kroann	មិនគ្រប់គ្រាន់
Schreibheft	* sierw-phow så-se	សៀវភៅសរសេរ
Schulzeugnis	* wi'-njea-panna'-batt sek-sa:	វិញ្ញាបណ្ណប័ត្រសិក្សា
Student / in	* nissett pross / srei	និស្សិត ប្រុស / ស្រី
Stuhl	* kau-ei	កៅអី
Tafel	* kda-kiern	ក្តារខៀន
Tisch	* tok	តុ
Universität	* mohawit-tjealai	មហាវិទ្យាល័យ
Universitätsprofessor	* sastradja-mohawit-tjealai	សាស្ត្រាចារ្យមហាវិទ្យាល័យ

S AUF DEM LAND [now srok-srä]
នៅស្រុកស្រែ

Bauer	*ka'-se'-kå:	កសិករ
Dorf	*phu:m	ភូមិ
Elefant	*dåm-rei	ដំរី
Erntezeit	*rodow djro:t-katt	រដូវច្រូតកាត់
Hahn	*moann tch/mo:l	មាន់ឈ្មោល
Hund	*tch/kä	ឆ្កែ
Katze	*tch/ma:	ឆ្មា
Kuh	*koo nji	គោញី
Landschaft	*te-sa'-pheap	ទេសភាព
Luft	*a-ka:s / kjåll	អាកាស / ខ្យល់
-frische Luft	*a-ka:s l/å	អាកាសល្អ
Nutztier	*satt pea-ha'-na'	សត្វពាហណៈ
Ochse	*koo tch/mo:l	គោឈ្មោល
Ochsenkarren	*rotes-koo	រទេះគោ
Pferd	*säs	សេះ
Reisfeld	*weal-srä	វាលស្រែ
Schlamm	*phok	ភក់
Traktor	*traktor	ត្រាក់ទ័រ
Vogel	*satt sla:b	សត្វស្លាប
Wald	*prey	ព្រៃ
Wasserbüffel	*krå-bei	ក្របី
Wildtier	*satt sa-ha:w	សត្វសាហាវ
Wildschwein	*djru:k-prey	ជ្រូកព្រៃ

T FAMILIE UND VERWANDTSCHAFT [kruasa: noeng bå:ng-p/o:n]

គ្រួសារ និង បងប្អូន

Urgroßmutter / -oma	* dji-do:n tuat / jeaj tuat	ជីដូនទួត / យាយទួត
Urgroßvater / -opa	* dji ta: tuat / ta: tuat	ជីតាទួត / តាទួត
Großmutter / -oma	* dji-do:n / jeaj / ma:	ជីដូន / យាយ / ម៉ា
Großvater / -opa	* dji-ta: / ta: / kong	ជីតា / តា / កុង
Vater / Papa	* ow-puk / puk / pa:	ឪពុក / ពុក / ប៉ា
Mutter / Mama	* mda:j / mä / mak	ម្ដាយ / ម៉ែ / ម៉ាក់
Tochter	* ko:n srei	កូនស្រី
Sohn	* ko:n pross	កូនប្រុស
Schwester	* bå:ng srei / p/o:n srei	បង-/ ប្អូន ស្រី
Bruder	* bå:ng pross / p/o:n pross	បង-/ ប្អូន ប្រុស
Geschwister	* bå:ng-p/o:n bångkaöt	បងប្អូនបង្កើត
Schwiegermutter	* mda:j-kme:k	ម្ដាយក្មេក
Schwiegervater	* ow-puk-kme:k	ឪពុកក្មេក
Schwager	* bå:ng - / p/o:n-thlai pross	បង - / ប្អូនថ្លៃប្រុស
Schwägerin	* bå:ng - / p/o:n-thlai srei	បង - / ប្អូនថ្លៃស្រី
Onkel	* mea	មា
Tante	* mi:ng	មីង
Kusine	* dji-do:n-muaj srei	ជីដូនមួយស្រី
Vetter	* dji-do:n-muaj pross	ជីដូនមួយប្រុស
Nichte	* kmuaj srei	ក្មួយស្រី
Neffe	* kmuaj pross	ក្មួយប្រុស
Enkel (in)	* djau-pross (srei)	ចៅប្រុស (ស្រី)

Abschnitt V

Zeitbegriffe / Daten / Zahlen

A DATEN / UHRZEITEN [kal ba'-re'-tche:t / pe:l welea]
កាលបរិច្ឆេទ / ពេលវេលា

1. Wann reisen Sie ab?
*taö kalna look (neak-srei) djenj dåmnaö?
តើកាលណាលោក(អ្នកស្រី) ចេញដំណើរ?

a) Am Freitag, dem 12.
*now th/ngai sok ti dåbpi
នៅថ្ងៃសុក្រ ទី ១២

b) Am 12. Januar
*now th/ngai ti dåbpi ma'-ka'-ra:
នៅថ្ងៃទី ១២ មករា

c) 1995
*tch/nam muaj poann prambuan roj kau-seb pram.
ឆ្នាំ មួយពាន់ប្រាំបួនរយកៅសិបប្រាំ។

2. Um wieviel Uhr fahren Sie weg?
*taö look (neak-srei) djenj dåmnaö now maong ponnma:n?
តើលោក (អ្នកស្រី) ចេញដំណើរ នៅម៉ោងប៉ុន្មាន?

a) Um 7 Uhr.
*now maong prampi.
នៅម៉ោង ប្រាំពីរ។

b) Um 9 Uhr.
*now maong prambuan.
នៅម៉ោង ប្រាំបួន។

c) Um 13 Uhr.
*now maong dåbbei.
នៅម៉ោង ដប់បី។

3. Wie spät (wieviel Uhr) ist es jetzt?
*taö eilow nis maong ponnma:n haöj?
តើ ឥឡូវនេះ ម៉ោងប៉ុន្មាន ហើយ?

a) Es ist zwölf Uhr. oder Es ist Mittag.
*maong dåbpi haöj. *th/ngai trång haöj.
ម៉ោង ដប់ពីរ ហើយ។ ថ្ងៃត្រង់ហើយ។

b) Es ist halb acht.
*maong prampi kånlas.
ម៉ោង ប្រាំពីរ កន្លះ។

c) Es ist viertel vor neun.
*maong prambuan khwas dåbpram.
ម៉ោង ប្រាំបួន ខ្វះ ដប់ប្រាំ។

d) Es ist viertel nach neun.
*maong prambuan dåbpram neati:.
ម៉ោង ប្រាំបួន ដប់ប្រាំនាទី។

4. Wie lange dauert die Fahrt?
*taö kar baök-bå: thwö åss rojeak pe:l ponnma:n maong?
តើការបើកបរ ធ្វើអស់រយៈ ពេលប៉ុន្មាន ម៉ោង?

a) Die Fahrt dauert fünf Stunden.
*kar baök-bå: thwö åss rojeak pe:l pram maong.
ការបើកបរ ធ្វើ អស់រយៈពេល ប្រាំម៉ោង។

b) Sie dauert zwei Tage.
*wea thwö åss rojeak pe:l pi th/ngai.
វាធ្វើ អស់រយៈពេល ពីរថ្ងៃ។

c) Sie dauert eine Woche.
*wea thwö åss rojeak pe:l muaj a-titt (sab-pda:).
វាធ្វើ អស់រយៈពេល មួយ អាទិត្យ (សប្ដាហ៍)។

B ZEITEINTEILUNG [kar djä:k pe:l welea]
ការចែកពេលវេលា

Sekunde	* wi'-neati:	វិនាទី
Minute	* neati:	នាទី
Uhr / Stunde	* maong	ម៉ោង

C WOCHENTAGE [th/ngai khnong muaj sab-pda:]
ថ្ងៃក្នុងមួយ សប្តាហ៍

Montag	*th/ngai djan	ថ្ងៃ ច័ន្ទ
Dienstag	*th/ngai ångkea	ថ្ងៃ អង្គារ
Mittwoch	*th/ngai puth	ថ្ងៃ ពុធ
Donnerstag	*th/ngai prohoast	ថ្ងៃ ព្រហស្បតិ៍
Freitag	*th/ngai sok	ថ្ងៃ សុក្រ
Samstag	*th/ngai sau	ថ្ងៃ សៅរ៍
Sonntag	*th/ngai a-titt	ថ្ងៃ អាទិត្យ

D MONATE [khä:]
ខែ

Januar	*khä: ma'-ka'-ra:	ខែ មករា
Februar	*khä: kom-pheak	ខែ កុម្ភៈ
März	*khä: mi-na:	ខែ មីនា
April	*khä: mesa:	ខែ មេសា
Mai	*khä: u'-sa'-phea	ខែ ឧសភា
Juni	*khä: mi'-tho'-na:	ខែ មិថុនា
Juli	*khä: kak-ka'-da:	ខែ កក្កដា
August	*khä: seiha:	ខែ សីហា

September	*khä: kanj-nja:	ខែ កញ្ញា
Oktober	*khä: to'-la:	ខែ តុលា
November	*khä: widj-tche'-ka:	ខែ វិច្ឆិកា
Dezember	*khä: thnu:	ខែ ធ្នូ

E ALLGEMEINE ZEITANGABEN
[kar kåmnått pe:l welea djea tu-tow]
ការកំណត់ពេលវេលា ជាទូទៅ

Abend	* l/ngeadj / prolob	ល្ងាច / ព្រលប់
bald	* bånntedj tiert	បន្តិចទៀត
damals	* kal daöm laöj	កាលដើមឡើយ
danach	* kraoj maok	ក្រោយមក
früher	* pi munn	ពីមុន
gestern	* m/sell-minj	ម្សិលមិញ
- vorgestern	* m/sell-m/ngai	ម្សិលម្ងៃ
heute	* th/ngai nis	ថ្ងៃនេះ
Jahr	* tch/nam	ឆ្នាំ
- nächstes Jahr	* tch/nam kraoj	ឆ្នាំក្រោយ
jetzt	* eilow nis	ឥឡូវនេះ
manchmal	* djuan-kal	ជួនកាល
Monat	* khä:	ខែ
morgen	* s/ä:k	ស្អែក
Morgen	* proek / pe:l proek	ព្រឹក / ពេលព្រឹក
- heute morgen	* proek-minj	ព្រឹកមិញ
- übermorgen	* kha:n-s/ä:k	ខានស្អែក

Mittag	* th/ngai trång	ថ្ងៃត្រង់
Nachmittag	* th/ngai rosierl	ថ្ងៃរសៀល
Nacht	* job (rea-trei)	យប់ (រាត្រី)
Tag	* th/ngai (ti'-wea)	ថ្ងៃ (ទិវា)
- eines Tages	* th/ngai muaj	ថ្ងៃមួយ
vorher	* pe:l munn	ពេលមុន
Woche	* sab-pda: (a-titt)	សប្តាហ៍ (អាទិត្យ)
- diese Woche	* sab-pda: nis	សប្តាហ៍នេះ
- letzte Woche	* sab-pda: munn	សប្តាហ៍មុន
Wochenende	* djong sab-pda:	ចុងសប្តាហ៍

F ZAHLEN
[djåmnuan]
ចំនួន

1. Zahlzeichen

1	2	3	4	5	6	7	8	9	0
១	២	៣	៤	៥	៦	៧	៨	៩	០
មួយ	ពីរ	បី	បួន	ប្រាំ	ប្រាំមួយ	ប្រាំពីរ	ប្រាំបី	ប្រាំបួន	សូន្យ

2. Grundzahlen

0 * so:n	សូន្យ	5 * pram	ប្រាំ
1 * muaj	មួយ	6 * pram-muaj	ប្រាំមួយ
2 * pi:	ពីរ	7 * pram-pi:	ប្រាំពីរ
3 * bei	បី	8 * pram-bei	ប្រាំបី
4 * buan	បួន	9 * pram-buan	ប្រាំបួន

10	* dåb	ដប់	40	* säsebb	សែសិប
11	* dåb-muaj	ដប់មួយ	50	* hasebb	ហាសិប
12	* dåb-pi:	ដប់ពីរ	60	* hoksebb	ហុកសិប
13	* dåb-bei	ដប់បី	70	* djettsebb	ចិតសិប
14	* dåb-buan	ដប់បួន	80	* pä:tsebb	ប៉ែតសិប
15	* dåb-pram	ដប់ប្រាំ	90	* kausebb	កៅសិប
16	* dåb-pram-muaj	ដប់ប្រាំមួយ	100	* muaj-roj	មួយរយ
17	* dåb-pram-pi:	ដប់ប្រាំពីរ	1.000	* muaj-poann	មួយពាន់
18	* dåb-pram-bei	ដប់ប្រាំបី	10.000	* muaj-mö:n	មួយម៉ឺន
19	* dåb-pram-buan	ដប់ប្រាំបួន	100.000	* muaj-sä:n	មួយសែន
20	* mophey	ម្ភៃ	1.000.000	* muaj-lean	មួយលាន
30	* samsebb	សាមសិប			

3. Ordnungszahlen

Die Khmer-Ordnungszahlen werden durch Voranstellen des Wortes « ti: » (Stelle, Ort) vor das Grundzahlwort gebildet.

Beispiele:

der (die, das)	erste	* ti: muaj	ទីមួយ
der (die, das)	zweite	* ti: pi:	ទីពីរ
der (die, das)	zehnte	* ti: dåb	ទីដប់

usw.

4. Numerierung (für Häuser, Räume, Telefon)

Die Nummern werden durch Voranstellen des Wortes « le:k » (Zahl) vor das Grundzahlwort gebildet.

Beispiele:

Nummer eins	* le:k muaj	លេខមួយ
Nummer zwei	* le:k pi:	លេខពីរ
Nummer zehn	* le:k dåb	លេខដប់

usw.

Abschnitt VI

Grammatik

A VERBEN (ZEITASPEKTE)

1. Gegenwart der Verben sowie der Gebrauch von haben = (* mean មាន) und sein = (* djea ជា)

Beispiele:

1. Ich <u>habe</u> 10 DM — * khnjom <u>mean</u> prak dåb ma:k
   ខ្ញុំ<u>មាន</u>ប្រាក់ដប់ម៉ាក។
2. Wir <u>essen</u> Reis. — * jö:ng <u>båri'-phook</u> ba:j
   យើង<u>បរិភោគ</u>បាយ។
3. Er <u>trinkt</u> Bier. — * koatt <u>pi'-sa</u> lab-je:
   គាត់<u>ពិសា</u>ឡាបយេ។
4. Ich <u>bin</u> Lehrer. — * khnjom <u>djea</u> kru: bång-riern.
   ខ្ញុំ<u>ជា</u>គ្រូបង្រៀន។
5. Er <u>ist</u> gut. — * wea <u>l/å</u>
   វាល្អ។

2. Vergangenheit mit Hilfsverb (* ba:n បាន)

Beispiele:

1. Ich <u>bin</u> gerade gekommen . — * khnjom töb <u>ba:n</u> maok dåll.
   ខ្ញុំ ទើប <u>បាន</u> មកដល់។
2. Er <u>hat</u> mir geholfen . — * koatt <u>ba:n</u> djuaj khnjom.
   គាត់ <u>បាន</u> ជួយ ខ្ញុំ។
3. Gestern <u>blieb</u> sie zu Hause. — * m/sellminj koatt (<u>ba:n</u>) <u>now</u> phteas.
   ម្សិលមិញ គាត់ (<u>បាន</u>) នៅ ផ្ទះ។
4. Letztes Jahr <u>hatte</u> ich Glück gehabt. — * tch/nam tow minj khgnom <u>ba:n</u> <u>mean</u> såmna:ng l/å.
   ឆ្នាំទៅមិញ ខ្ញុំ(<u>បាន</u>)មាន សំណាងល្អ។

3. Zukunft mit Hilfsverb (*noeng នឹង = werden)

haben werden	* noeng mean / noeng ba:n	នឹង មាន / នឹងបាន
sein werden	* noeng tow djea	នឹង ទៅជា
essen werden	* noeng båri'-phook	នឹង បរិភោគ
trinken werden	* noeng phök	នឹង ផឹក
fahren werden	* noeng baök tow	នឹង បើកទៅ

B IMPERATIVFORMEN

FORMEN *djo: (neak, nea:ng, ä:ng, jö:ng) + Verb (familiär)
ចូរ (អ្នក, នាង, ឯង, យើង) +កិរិយាស័ព្ទ
*anj-djö:nj (look, neak-srei, ...) + Verb (höflich)
អញ្ជើញ (លោក, អ្នកស្រី,...) +កិរិយាស័ព្ទ

Beispiele:

(familiär)-Setz dich! *djo: nea:ng ångkuj djos! ចូរនាងអង្គុយចុះ!
-Sprich mal! *djo: neak ni'-jeaj maok! ចូរអ្នកនិយាយមក!
-Iß doch! *djo: nea:ng njam tow! ចូរនាង ញុំា ទៅ!
-Beeilen wir uns! *djo: jö:ng prånjab-prånjall!
ចូរយើងប្រញាប់ប្រញាល់!
-Redet doch! *djo: ä:ng teang-åss khnea bårija:j maok!
ចូរឯងទាំងអស់គ្នា បរិយាយមក!
(höflich) -Setzen Sie sich! *anj-djö:nj look ångkuj! អញ្ជើញ លោកអង្គុយ!
-Kommen Sie mit mir! *anj-djö:nj neak-srei maok djea muaj khnjom!
អញ្ជើញអ្នកស្រីមកជាមួយខ្ញុំ!

C REFLEXIVE VERBEN

sich sehen	* khö:nj khnea	ឃើញ គ្នា
sich treffen	* djuab khnea	ជួប គ្នា
sich umarmen	* aob khnea	អោប គ្នា
sich kennen	* skoall khnea	ស្គាល់ គ្នា
sich melden	* bång-ha:nj khluan	បង្ហាញ ខ្លួន
sich verstecken	* leak khluan	លាក់ ខ្លួន

D MODALVERBEN

können	* a:dj	អាច
sollen	* kuar / trow	គួរ / ត្រូវ
wollen	* djång (Futur)	ចង់ (អនាគត)
mögen	* djång	ចង់
dürfen	* a'-nunj-nja:t	អនុញ្ញាត
müssen	* trow tä	ត្រូវតែ

Beispiele:

1. Ich muß arbeiten. * khnjom trow tä thwö kar ខ្ញុំត្រូវតែធ្វើការ។
2. Dürfen wir essen? * a'-nunj-nja:t aoj jö:ng båri-phook?
អនុញ្ញាតឲ្យយើង បរិភោគ?
3. Was kann ich für Sie tun? * taö khnjom a:dj thwö awey djun look?
តើខ្ញុំអាចធ្វើអ្វីជូនលោក?
4. Sollen wir hier warten? * kuar (trow) khnjom djam now ti-nis roe?
គួរ(ត្រូវ)ខ្ញុំចាំ នៅទីនេះឬ?
5. Ich möchte mit ihm reden. * khnjom djång ni'-jeaj djea muaj koatt.
ខ្ញុំចង់និយាយជាមួយគាត់។
6. Wollen Sie jetzt fahren? * look djång anj-djö:nj tow eilow roe?
លោកចង់អញ្ជើញទៅឥឡូវឬ?

E SUBSTANTIVE

Substantive werden ohne Artikel gebildet.

1. Bei Personen werden die folgendene Bezeichnungen für das Geschlecht hinzugefügt.

	: Substantiv	**+ srei**	**= (weiblich)**	**ស្រី**
	: Substantiv	**+ pross**	**= (männlich)**	**ប្រុស**
Beispiele:	- Tochter	* ko:n srei		កូនស្រី
	- Sohn	* ko:n pross		កូនប្រុស
Singular	- eine Tochter	* ko:n srei muaj neak		កូនស្រីមួយនាក់
Plural	- zwei Töchter	* ko:n srei pi neak		កូនស្រីពីរនាក់

2. Bei Tieren werden die folgendene Bezeichnungen für das Geschlecht hinzugefügt.

	: Substantiv	**+ nji:**	**= (weiblich)**	**ញី**
	: Substantiv	**+ tch/mo:l**	**= (männlich)**	**ឈ្មោល**
Beispiele:	- Kuh	* koo nji:		គោញី
	- Ochse, Bulle	* koo tch/mo:l		គោឈ្មោល
Singular	- eine Kuh	* koo nji: muaj		គោញី មួយ
Plural	- zwei Kühe	* koo nji: pi		គោញី ពីរ

3. Bei Gegenständen und Pflanzen gibt es keine Geschlechtsbezeichnungen.

Beispiele:	- Tisch	* tok	តុ
	- Baum	* daöm tchö	ដើមឈើ
	- Wasser	* toek	ទឹក
Singular	- eine Rose	* kola:b muaj	កូឡាប មួយ
Plural	- zwei Rosen	* kola:b pi	កូឡាប ពីរ

F ADJEKTIVE

1. Die Adjektive sind als Verben zu verstehen und werden ohne Hilfsverben gebildet.

Adjektive, z.B. neu, alt sind wie Verben einzusetzen.
Beispiel: Das Auto ist neu, wird in Khmer gebildet als « Auto neu ».
Die Kopula wird aber in nominalen und pronominalen Verbindungen eingesetzt. Beispiel : Er ist Lehrer.

Beispiele:

1. Das Auto ist neu.	* la:n th/mei.	ឡានថ្មី
2. Das Haus ist hoch.	* phteas khposs.	ផ្ទះខ្ពស់
3. Die Straße ist lang.	* phlaow tch/nga:j.	ផ្លូវឆ្ងាយ
4. Das Wetter war schön.	* theat a-ka:s l/å.	ធាតុអាកាសល្អ

2. Vergleichsformen der Adjektive

Positiv	**:so + Adjektiv + wie**	**= * (Adjektiv + do:dj ដូច)**
(Gleichsetzung)	so lang wie	* we:ng do:dj វែងដូច
	so schnell wie	* lörn do:dj លឿនដូច

Beispiele:

1. Das rote Auto ist so schnell wie das schwarze.
*la:n kråhå:m lörn do:dj la:n khmau.
ឡានក្រហម លឿនដូច ឡានខ្មៅ។

2. Frank ist so groß wie Paul.
*frang thom do:dj paol
ហ្វ្រាំង ធំ ដូច ប៉ូល។

Komparativ : Adjektiv + er + als = * (Adjektiv + djea:ng ជាង)

länger als * we:ng djea:ng វែងជាង

schneller als * lörn djea:ng លឿនជាង

Beispiel:

Der Sohn ist größer als der Vater.
*ko:n pross thom djea:ng ow-puk.
កូនប្រុស ធំជាង ឪពុក។

Superlativ : Adjektiv + ste, am sten = *(Adjektiv +djea:ng ke teang-åss)

der längste *we:ng djea:ng ke teang-åss វែងជាងគេទាំងអស់

am schnellsten *lörn djea:ng ke båmphott លឿនជាងគេបំផុត

Beispiele:

1. Fritz ist der fleißigste Schüler.
*fritz djea sess u'-sa: djea:ng sess teang-åss.
ហ្វ្រិត ជា សិស្ស ឧស្សាហ៍ជាង សិស្ស ទាំងអស់។

2. Die letzten Nachrichten kommen um 21 Uhr.
*pordåmean djong kraoj båmphott maok dåll now maong mophey muaj.
ពត៌មាន ចុងក្រោយបំផុត មកដល់នៅម៉ោង ម្ភៃមួយ។

3. Adverbien

Beispiele:

1. Ich fahre schnell. *khnjom baök lörn. ខ្ញុំបើកលឿន។
2. Sie sprechen deutlich Khmer. *look ni'-jeaj khmer djbass. លោកនិយាយខ្មែរច្បាស់។
3. Sie sprechen gut deutsch. *look ni'-jeaj allömång l/å. លោកនិយាយអាល្លឺម៉ង់ល្អ។

G PERSONALPRONOMEN

	SUBJEKT:	OBJEKT:		
1. Pers . Sing.:	ich	mich, mir	*khnjom	ខ្ញុំ
2. Pers. - :	du	dich, dir	*ä:ng	ឯង
3. Pers. - :	er,sie,es	ihn, ihm...	*wea / koatt	វា / គាត់
1. Pers. Plur. :	wir	uns	*jö:ng	យើង
2. Pers. - :	ihr	euch	*ä:ng teang-åss khnea	ឯងទាំងអស់គ្នា
3. Pers. - :	sie	sie, ihnen	*wea teang-äss khnea	វាទាំងអស់គ្នា
(höflich) :	Sie	Sie, Ihnen	*look / neak-srei	លោក / អ្នកស្រី

H POSSESSIVPRONOMEN

1. Pers. Sing. :	mein	*robåss khnjom	របស់ ខ្ញុំ
2. Pres. - :	dein	*robåss ä:ng	របស់ ឯង
3. Pers. - :	sein / ihr	*robåss wea / -koatt	របស់ វា / របស់គាត់
1. Pers. Plur. :	unser	*robåss jö:ng	របស់ យើង
2. Pers. - :	euer	*robåss ä:ng teang-åss khnea	របស់ ឯងទាំងអស់គ្នា
3. Pers. - :	ihr	*robåss wea teang-åss khnea	របស់ វាទាំងអស់គ្នា
(höflich) :	Ihr	*robåss look / -neak-srei	របស់លោក / - អ្នកស្រី

I REFLEXIVPRONOMEN

mich	*khluan (khnea) khnjom	ខ្លួន (គ្នា) ខ្ញុំ
dich	*khluan (khnea) ä:ng	ខ្លួន (គ្នា) ឯង
sich	*khluan (khnea) wea / koatt	ខ្លួន (គ្នា) វា / គាត់
uns	*khluan (khnea) jö:ng)	ខ្លួន (គ្នា) យើង
euch	*khluan (khnea) ä:ng teang-åss khnea	ខ្លួន (គ្នា) ឯងទាំងអស់គ្នា
sich	*khuan (khnea) wea/ koatt teang-åss khnea	ខ្លួន (គ្នា) វា / គាត់ទាំងអស់គ្នា
sich(höfl.)	*khluan (khnea) look / neak-srei	ខ្លួន (គ្នា) លោក / អ្នកស្រី

J DEMONSTRATIVPRONOMEN

Für alle Formen verwendet man das angehängte Wort « nis » als Demonstrativpronomen.

Beispiele:

dieser Mann	* look nis	លោកនេះ
diese Frau	* neak-srei nis	អ្នកស្រីនេះ
dieses Kind	* ko'-ma: nis	កុមារនេះ
diese Geschwister	* bå:ng-p/o:n nis	បងប្អូននេះ
dieser Baum	* daöm-tchö nis	ដើមឈើនេះ
diese Rose	* kola:b nis	កូឡាបនេះ
dieses Ding	* watthok nis	វត្ថុនេះ
diese Blumen	* phka: teang nis	ផ្កាទាំងនេះ

K INTERROGATVPRONOMEN

Was	*awey	អ្វី?
Warum?	*hä:t awey?	ហេតុអ្វី?
Weshalb?	*pi-proas awey?	ពីព្រោះអ្វី?
Wen / wem?	*dåll neak na:?	ដល់អ្នកណា?
Wer?	*neak na:?	អ្នកណា?
Wo?	*äna:?	ឯណា?
Wohin?	*tow na:?	ទៅណា?
Woher?	*maok pi na:?	មកពីណា?
Wie?	*do:dj mdedj?	ដូចម្តេច?

L KONJUNKTIONEN

aber	* ponntä	ប៉ុន្តែ
als	* thwö djea	ធ្វើជា
als ob	* do:dj-djea	ដូចជា
auch	* dä	ដែរ
bevor	* munn pe:l-dä:l	មុនពេលដែល
bis	* roho:t-dåll	រហូតដល់
da	* pi-proas	ពីព្រោះ
daß / ob	* tha:	ថា
denn	* dbött-ei	ត្បិតអី
doch	* do:dj tch/näs / anj-djöng	ដូច្នេះ / អញ្ជឹង
nachdem	* kraoj pe:l-dä:l	ក្រោយពេលដែល
nur	* tä	តែ
obwohl	* pitt-me:n-tä / thwey-baö	ពិតមែនតែ / ថ្វីបើ
oder	* roe	ឬ
seitdem	* tang-pi:	តាំងពី
so... daß	* do:dj-tch/näs-haöj / toall-tä	ដូច្នេះហើយ / ទាល់តែ
sondern	* phtuj-tow-winj	ផ្ទុយទៅវិញ
um...zu	* daömbei	ដើម្បី
und	* noeng	និង
während	* khnong-pe:l-dä:l	ក្នុងពេលដែល
weder...noch	* ått-teang ... ått-teang...	អត់ទាំង...អត់ទាំង...
weil	* piproas	ពីព្រោះ
wenn	* baö-senn	បើសិន
wie	* do:dj	ដូច

M SATZBAU

Die Sätze in Khmer werden in der Folge Subjekt, Prädikat und Objekt gebildet. Die Verben stehen immer in der Grundform.

1. AUSSAGESATZ:

	(1) =SUBJEKT:	(2) = PRÄDIKAT:	(3) =OBJEKT:
	(1) Ich	(2) spreche	(3) deutsch.
*	(1) khnjom	(2) ni'-jeaj	(3) allömång.
	(1) ខ្ញុំ	(2) និយាយ	(3) អាល្លឺម៉ង់

Wenn	(1) Herr Müller	(3) nach Hause	(2) kommt,...
*baö	(1) look müller	(2) maok	(3) ph/teas...
បើ	(1) លោកមុលលៀរ	(2) មក	(3) ផ្ទះ...

2. FRAGESATZ :

	(2) Sprechen	(1) Sie	(3) deutsch?
*	(1) look	(2) ni'-jeaj	(3) allömång roe?
	(1) លោក	(2) និយាយ	(3) អាល្លឺម៉ង់ ឬ?

Warum	(2) kommst	(1) du	(3) heute?
* hä:t awey	(1) ä:ng	(2) maok	(3) th/ngai nis?
ហេតុ អ្វី	(1) ឯង	(2) មក	(3) ថ្ងៃ នេះ?

3. PASSIVSATZ

*** trow ke, trow ba:n ke, + Verb**

Beispiele:

Das Fenster <u>wird geöffnet</u>. * bång-uadj <u>trow ke baök</u> បង្អួច<u>ត្រូវគេបើក</u>។

Der Motor <u>wurde repariert</u>. * ma-si:n <u>trow ba:n ke djuas-djull</u> haöj.
ម៉ាស៊ីន <u>ត្រូវបានគេជួសជុល</u> ហើយ។

4. HAUPT- / NEBENSÄTZE

Beispiel:

Die Stewardeß ging an Bord, nachdem sie alle Bordkarten kontrolliert hatte.
*kanj-nja a-ka:sdjå: ba:n maok kann a-ka:sjean, kraoj pi koatt ba:n truat pi'-nitt såmbott joann-hås ruadj-åss.
កញ្ញាអាកាសចរ បានមកកាន់អាកាសយាន ក្រោយពីគាត់ បានត្រួតពិនិត្យ សំបុត្រ យន្តហោះ រួចអស់ ។

Satzglied:	**(1) =Subjekt:**	**(2) =Prädikat:**	**(3) =Objekt:**
Hauptsatz:	(1) Die Stewardeß	(2) ging	(3) an Bord,
	*(1) kanj-nja a-ka:sdjå:	(2) ba:n maok	(3) kann a-ka:sjean,
	(1) កញ្ញាអាកាសចរ	(2) បានមក	(3) កាន់អាកាសយាន ,
Nebensatz:	nachdem (1) sie	(3) alle Bordkarten	(2) kontrolliert hatte.
	*kraoj pi (1) koatt	(2) ba:n truat pi'-nitt	(3) såmbott joann-hås ruadj-åss.
	ក្រោយពី (1) គាត់	(2) បានត្រួតពិនិត្យ	(3) សំបុត្រយន្តហោះ រួច អស់ ។

5. RELATIVSÄTZE

Relativsätze werden mit « dä:l » eingeleitet.
(dä:l « ដែល » = der/ die/ das; welcher/ welche/ welches...)

Beispiele:

1. Das Auto, das zu schnell fuhr, verursachte den Unfall.
*la:n dä:l ba:n baök lörn pe:k, ba:n bångkaöt aoj mean kroas thnak.
ឡាន ដែល បានបើកលឿនពេក បានបង្កើតឲ្យមានគ្រោះថ្នាក់។

2. Die Dame, die mich gestern besucht hat, war ein Jahr in Kambodscha.
*neak-srei dä:l m/sellminj ba:n maok le:ng noeng khnjom, ba:n now pråte:s kampuchea muaj tch/nam.
អ្នកស្រី ដែលម្សិលមិញ បានមកលេងនិងខ្ញុំ បាននៅប្រទេសកម្ពុជា មួយឆ្នាំ។

6. INDIREKTE REDE

Beispiele:

1. Peter sagte mir, daß er wieder ein neues Auto habe.
*Peter ba:n prab khnjom, tha: wea (ba:n) mean la:n thmei muaj winj haöj.
ប៉េតឺរ បានប្រាប់ខ្ញុំ ថា វា (បាន) មាន ឡានថ្មី មួយ វិញហើយ។

2. Ich habe gehört, daß wir morgen keinen Unterricht hätten.
*khnjom ba:n loe, tha: s/ä:k jö:ng min mean kamwi'-thi sek-sa: te:.
ខ្ញុំបានឮ ថា ស្អែកយើងមិន មាន កម្មវិធី សិក្សាទេ ។

7. IRREALE SÄTZE (GEDANKEN, WÜNSCHE)

Irreale Sätze werden mit « wenn + Grundform » gebildet.

Beispiele:

1. Herr Müller kaufte ein rotes Auto, wenn ich er wäre, hätte ich ein dunkelblaues gekauft.
*look müller ba:n tinj la:n por kråhå:m muaj, baö senn khnjom djea koatt winj, khnjom tinj por kierw-djass.
លោកមុលលៀរ បានទិញ ឡានពណ៌ក្រហម មួយ, បើសិន ខ្ញុំជាគាត់វិញ ខ្ញុំទិញ ពណ៌ខៀវចាស់។

2. Wenn ich morgen ginge (gehen würde), wäre es noch früh genug.
*baö s/ä:k khnjom tow, wea såmsrå:b toann pe:l welea tiert phå:ng.
បើសិន ស្អែកខ្ញុំទៅ, វាសមស្រប ទាន់ ពេលវេលា ទៀតផង។

3. Wenn man es so machte, wäre es vielleicht besser.
*baö senn ke thwö anj-djöng, prå-hä:l djea wea prå-saö djeang.
បើសិន គេ ធ្វើអញ្ចឹង, ប្រហែល ជាវា ប្រសើរជាង។

Abschnitt VII

Kambodschas Landschaft

1. Geographie und Landnutzung

Bodennutzung	* kar jaok phåll pi dei	ការយកផលពីដី
Bodenschätze	* thoann-thean thoam-mdjeat	ធនធានធម្មជាតិ
Edelstein (Rubine)	* tbo:ng thmå:	ត្បូងថ្ម
Erdöl	* pre:ng-rä	ប្រេងរ៉ែ
Kaffeeplantage	* djåmkar kafe:	ចំការកាហ្វេ
Kautschukplantage	* djåmkar kausu:	ចំការកៅស៊ូ
Obstplantage	* djåmkar phlä tchö	ចំការផ្លែឈើ
Tonle Mekong	* tonle mekong	ទន្លេមេគង្គ
Tonle Sap	* tonle sap	ទន្លេសាប
Urwald	* prey tchö pi-do:n-ta:	ព្រៃឈើពីដូនតា

2. Verwaltungssystem (Provinzen)

Hauptstadt			*readj-theani:			រាជធានី
1) Provinz		Kandal	* khä:t kånnda:l		ខេត្ត	កណ្ដាល
2)	-	Takeo	*	- takäw	-	តាកែវ
3)	-	Kampot	*	- kåmpo:t	-	កំពត
4)	-	Kompong Speu	*	- kåmpong spoe	-	កំពង់ស្ពឺ
5)	-	Koh Kong	*	- kås kong	-	កោះកុង
6)	-	Kp. Chhnang	*	- kampong tchnang	-	កំពង់ឆ្នាំង
7)	-	Pursat	*	- poothi'-satt	-	ពោធិសាត់
8)	-	Battambang	*	- battdåmbå:ng	-	បាត់ដំបង
9)	-	Banteay Meanchey	*	- bånnteaj mean chey	-	បន្ទាយមានជ័យ
10)	-	Siem Reap	*	- sierm reab	-	សៀមរាប
11)	-	Preah Vihear	*	- preas wi'-hea	-	ព្រះវិហារ
12)	-	Kompong Thom	*	- kåmpong thom	-	កំពង់ធំ

13) -	Rattanakiri	* - ratta'-na'-ki'-ri:	- រតនគីរី
14) -	Stung Treng	* - stoeng trä:ng	- ស្ទឹងត្រែង
15) -	Mondulkiri	* - mondoall ki'-ri:	- មណ្ឌលគីរី
16) -	Kratié	* - krå-djäs	- ក្រចេះ
17) -	Kompong Cham	* - kåmpong dja:m	- កំពង់ចាម
18) -	Prey Veng	* - prey we:ng	- ព្រៃវែង
19) -	Svay Rieng	* - swaj rierng	- ស្វាយរៀង

3. Sehenswürdigkeiten — ទស្សនីយភាពដ៏អស្ចារ្យ

* tos-sa'-nei-ja'-pheap då åss-dja:

Angkor Thom	* angkor thom	អង្គរធំ
Angkor Vat	* angkor watt	អង្គរវត្ត
Dangrekgebirge	* djuar phnom då:ng-rä:k	ជួរភ្នំដងរែក
Kadamomgebirge	* djuar phnom kråwa:nj	ជួរភ្នំក្រវាញ

****

LANDKARTE KAMBODSCHAS

---

*Südwest-Monsun (Regenzeit) : Mai - Oktober
*Nordost-Monsun (Trockenzeit) : Nov.- April

Abschnitt VIII

Wörterverzeichnis

A	Khmer	Aussprache
Abend	ល្ងាច	[l/ngeadj]
Abendessen	បាយល្ងាច	[ba:j-l/ngeadj]
abfahren	បើកចេញ	[baök-djenj]
abholen	ទៅយក (យក)	[tow-jaok (jaok)]
absagen	មិនទទួល	[min-totual]
Absender	អ្នកផ្ញើ	[neak ph/njaö]
Adjektiv	គុណនាម	[kunn-na'-neam]
Adresse	អាស័យដ្ឋាន	[a-sai-ja'-tha:n]
Aktentasche	កាបូបឯកសារ	[kabo:b ä:k-ka'-sa]
anders	ផ្សេងទៀត	[ph/se:ng tiert]
ändern	ផ្លាស់ប្តូរ	[phlass-pdo:]
anfangen	ចាប់ផ្តើម	[djab-ph/daöm]
ankommen	មកដល់	[maok-dåll]
Ankunft	ការមកដល់	[kar maok-dåll]
allgemein	ទូទៅ	[tu-tow]
anmerken	កត់សំគាល់	[kått såm-koall]
Anmerkung	សំគាល់	[såm-koall]
annehmen	យល់ស្រប	[jaoll-srå:b)]
anrufen	និយាយទូរស័ព្ទ	[ni'-jeaj tu-ra'-sapt]
Apotheke	ឱសថស្ថាន (ផ្ទះលក់ថ្នាំពេទ្យ)	[o-sått-stha:n]
arbeiten	ធ្វើការ	[thwö-kar]
Arzt	វេជ្ជបណ្ឌិត	[we-djeak-bånn-ditt]
auch	ដែរ	[dä:]
auf	លើ	[lö]
aufschreiben	កត់ទុក	[kått-tuk]
Augenblick	មួយភ្លែត	[muaj-phle:t]
ausatmen	ដកដង្ហើមចេញ	[då:k dång-haöm djenj]
ausfüllen	បំពេញ	[båm-penj]
Auskunft	ដំណឹង	[dåm-nöng]

aussprechen	និយាយបញ្ជាក់	[ni'-jeaj bånj-djeak]
Aussicht	ទិដ្ឋភាព	[titt-tha'-pheap]
ausstellen	តាំងបង្ហាញ	[tang bång-ha:nj]
Ausstellung	(តាំង) ពិពរណ៍	[(tang) pi'-por]
Ausweis	អត្តសញ្ញាណប័ណ្ណ	[atta'-sanjean-na'-ban]
Auto	រថយន្ត / ឡាន	[rott-joann / la:n]
B		
Bahnhof	ស្ថានីយ៍រថភ្លើង	[sthani-rott-phlö:ng]
Bank	ធនាគារ	[theak-nea-kea]
Bauch	ពោះ	[poas = poah]
Bauchschmerzen	ឈឺពោះ	[tchoe poas (=poah)]
Bauer	កសិករ	[ka'-se'-kå:]
Beamte	ភ្នាក់ងារ	[ph/neak-ngea]
beatmen	ធ្វើឲ្យដកដង្ហើម	[thwö aoj då:k-dång-haöm]
bedanken (sich)	អរគុណ	[å-kunn]
bedenken	សង្ស័យ	[sång-sai]
bedeuten	មានន័យ	[mean-ney]
bedauern	សោកស្តាយ	[saok-sda:j]
bekommen	ទទួល	[to-tual]
beginnen	ចាប់ផ្តើម	[djab-ph/daöm]
begleiten	ជូនដំណើរ	[djun-dåm-naö]
begrüßen	គោរព	[koo-rop]
Begrüßung	ការគោរព	[kar koo-rop]
Beispiel	ឧទាហរណ៍	[u'-tea-hå:]
benötigen	ត្រូវការ	[trow kar]
besonder	ពិសេស	[pi'-sä:s]
besonders	ជាពិសេស	[djea pi'-sä:s]
besorgen	រកឲ្យបាន	[raok aoj ba:n]
bessern sich	ប្រែជាធូរស្រាល / ល្អ	[prä djea thu-sra:l / l/å]
Besserung	ការប្រែជាធូរស្រាល / ល្អ	[kar prä djea thu-sra:l / l/å]

bestätigen	បញ្ជាក់	[bånj-djeak]
Bestätigung	ការបញ្ជាក់	[kar bånj-djeak]
besuchen	ទស្សនា / មកលេង	[toass-sa'-na: /maok le:ng]
Besuch	ទស្សនកិច្ច	[toass-sa'-na'-kedj]
Besucher	ភ្ញៀវ	[ph/njierw]
Besuchszeit	ពេលទទួលភ្ញៀវ	[pe:l totual ph/njierw]
betonen	បន្ទោរសម្លេង	[bånn-too-såm-le:ng]
bitten	សូម / សុំ	[so:m / som]
bleiben	នៅ	[now]
Botschaft	ស្ថានទូត	[stha:n-tu:t]
brauchen	ត្រូវការ	[trow kar]
brennen	ឆេះ	[tchäs = tchäh]
Büro	ការិយាល័យ	[ka-re'-jalai]

D

dabei	នៅជាមួយ	[now djea-muaj]
danach	ក្រោយមក	[kraoj-maok]
Danke	ការអរគុណ	[kar å-kunn]
dafür	យល់ស្រប	[jaoll-srå:b]
dagegen	យល់ទាស់	[jaoll-toass]
Datum	កាលបរិច្ឆេទ	[kal-pa'-re'-tche:t]
dauern	អស់រយៈពេល	[åss ro-jeak-pe:l]
Demonstration	បាតុកម្ម	[ba:t-to'-kam]
deutsch	(នៃ)អាល្លឺម៉ង់	[(ney) allömång]
Deutsche	ជនជាតិអាល្លឺម៉ង់	[djonn djeat allömång]
Deutschland	ប្រទេសអាល្លឺម៉ង់	[prå-te:s allömång]
drehen (sich)	បែរ / វិល	[bä: / will]
dunkel	ងងឹត	[ngo-ngitt]
durchgehen	ដើរឆ្លង	[daö tch/lå:ng]
durchsuchen	ត្រួតពិនិត្យ	[truat pi'-nitt]
dürfen	អនុញ្ញាត	[a'-nunj-nja:t]

E einatmen	ដកដង្ហើមចូល	[då:k dång-haöm djo:l]
einladen	អញ្ជើញ	[anj-djö:nj]
Einladung	ការអញ្ជើញ	[kar anj-djö:nj]
einnehmen	លេប (ថ្នាំ)	[le:b]
eintreten	ចូល	[djo:l]
Eintritt	ការចូល	[kar djo:l]
einverstanden	យល់ព្រម	[jaoll-pro:m]
Elefant	ដំរី	[dåm-rei]
empfangen	ទទួល (ភ្ញៀវ)	[totual (ph/njierw)]
Empfang	ការទទួលស្វាគមន៍	[kar totual swa-kom]
Ende	ចប់	[djåb]
entfernen	ឃ្លាតឆ្ងាយ	[khleat tch/nga:j]
Entfernung	ចម្ងាយ	[djåm-nga:j]
entlassen	ចេញពី(ដំណែង /ពេទ្យ)	[djenj pi (dåmnä:ng/pe:t)]
entschuldigen	សុំទោស	[som-toos]
Entschuldigung	ការសុំទោស	[kar som-toos]
Erfolg	ជោគជ័យ	[djook-djey]
erkälten (sich)	ផ្តាស់សាយ	[ph/dass-sa:j]
Erkältung	ជម្ងឺផ្តាស់សាយ	[djom-ngoe ph/dass-sa:j]
erkundigen	សួរយកពត៌មាន	[suar jaok por-då-mean]
erinnern	នឹកអនុស្សាវរីយ៍	[noek a'-nus-sawri:]
Erinnerung	អនុស្សាវរីយ៍	[a'-nus-sawri:]
erwarten	រង់ចាំ	[rong-djam]
essen	បរិភោគ	[bå-ri'-phook]
Essen	ម្ហូបអាហារ	[m/ho:b-a-ha:]
etwa	ប្រហាក់ប្រហែល	[prå-hak prå-hä:l]
etwas	បន្តិចបន្តួច	[bånn-tedj bånn-tuadj]
extra	ពិសេស	[pi'-sä:s]
Exzellenz	ឯកឧត្តម	[ä:k-ott-dåm]

F fahren	បើកបរ	[baök-bå:]
Feier	បុណ្យ	[bonn]
feiern	ធ្វើបុណ្យ	[thwö bonn]
Feiertag	ថ្ងៃបុណ្យ	[th/ngai bonn]
Fernsehen	ទូរទស្សន៍	[tu-ra'-toss]
fertig	រួចហើយ	[ruadj haöj]
Feuerwehr	ក្រុមលត់ភ្លើង	[krom lott-ph/lö:ng]
Fieber	គ្រុនក្ដៅ	[krunn-kdau]
finden	រកឃើញ	[ro:k khö:nj]
Flughafen	ចំណតអាកាសយាន	[djåm-nå:t a-ka:sjean]
Flugzeug	អាកាសយាន / យន្តហោះ	[a-ka:sjean / joann-hås]
Folge	ត / តាម	[tå: / ta:m]
Formular	លិខិតព្រៀងទុក	[li'-khett prierng tuk]
Frage	សំណួរ	[såm-nuar]
Fragewort	ពាក្យសួរ	[pea:k suar]
Fragesatz	ឃ្លាសំណួរ	[khlea såm-nuar]
Freude	ការសប្បាយ	[kar sab-ba:j]
freuen (sich)	សប្បាយចិត្ត	[sab-ba:j djett]
frei	សេរី / ទំនេរ	[se-rei / tom-ne:]
Freiheit	សេរីភាព	[se-rei pheap]
früh	ពេលព្រលឹម	[pe:l pro-loemm]
fühlen (sich)	មានអារម្មណ៍	[mean a-råm]
G		
Gast	ភ្ញៀវ	[ph/njierw]
geben	ឲ្យ / ឱ្យ	[aoj]
Geburtstag	ថ្ងៃកំណើត	[th/ngai kåm-naöt]
Gefühl	អារម្មណ៍	[a-råm]
gehen	ទៅ	[tow]
geht es?	កើតទេ?	[kaöt te:?]
Geheimnis	ការសម្ងាត់	[kar såm-ngatt]

gehören	មានកម្មសិទ្ធិ	[mean kam-ma'-sitt]
gern	ពេញចិត្ត	[penj-djett]
Geschehen	ព្រឹត្តិការណ៍	[proett-te'-kar]
Geschenk	ជំនូន	[djom-nun]
gestern	ម្សិលមិញ	[m/sell-minj]
gleich	ដូចគ្នា / បន្តិចទៀត	[dodj khnea /bånn tedj-tiert]
glücklich	សប្បាយចិត្ត	[sab-ba:j djett]
grau	ពណ៌ប្រផេះ	[por prå phäs (- phäh)]
Grenze	ព្រំដែន	[prom-dä:n]
groß	ធំ	[thom]
Gruß	ការជំរាបសួរ	[kar djom-reab-suar]
grüßen	ជំរាបសួរ	[djom-reab-suar]
Grußformel	របៀបជំរាបសួរ	[ro-bierb djom-reab-suar]
grün	ពណ៌បៃតង	[por bai-tå:ng]
gut	ល្អ	[l/å]

H

haben	មាន	[mean]
halb	កន្លះ	[kånn-las (-lah)]
Halsschmerzen	ឈឺ ក	[tchoe kå:]
Hand	ដៃ	[dai]
Handtasche	កាបូបយួរ	[kabo:b juar]
Haut	ស្បែក	[sbä:k]
häufig	ជានិច្ចជាកាល	[djea-nidj djea-ka:l]
heiß	ក្តៅ	[kdau]
helfen	ជួយ	[djuaj]
Hemd	អាវសឺមិក	[a:w sö-mik]
herzlich	អស់ពីដួងចិត្ត	[åss pi duang djett]
heute	ថ្ងៃនេះ	[th/ngai nis (- nih)]
Hilfe	ជំនួយ	[djom-nuaj]

H Himmel	មេឃ	[me:kh]
Himmelsrichtung	ទិស	[tiss]
hinten	ខាងក្រោយ	[kha:ng kraoj]
Hin und Her	ទៅ និង មក	[tow noeng maok]
Hochzeit	អាពាហ៍ពិពាហ៍	[a-pea-pi'-pea]
hoffen	សង្ឃឹម	[sång khoemm]
höflich	គួរសម	[kuar-såm]
Hose	ខោឡៀវ (ខោចាំង)	[khao-le:w]
humanitär	មនុស្សធម៌	[monuss-sa'-thor]
humanitäre Hilfe	ជំនួយមនុស្សធម៌	[djom-nuaj-monuss-sa'-thor]
I		
Idee	គំនិត	[kom-nitt]
immer	ជានិច្ច	[djea-nidj]
impfen	ចាក់ថ្នាំការពារ	[djak-thnam ka-pea]
Impfung	ការចាក់ថ្នាំការពារ	[kar djak-thnam ka-pea]
Import	ការទិញចូល	[kar tinj-djo:l]
importieren	ទិញចូល	[tinj djo:l]
Industrie	ឧស្សាហកម្ម	[uss-sa-ha'-kam]
Information	មន្ទីរឃោសនាការ	[monnti khoos-sna-ka:]
informieren	ឲ្យ (ជូន)ពត៌មាន	[aoj (djun) por-då-mean]
Inhalt	ចំណុះ / សាច់រឿង	[djåm-nos (- noh)]
Inland	ក្នុងប្រទេស	[khnong-prå-te:s]
innen	ខាងក្នុង	[kha:ng khnong]
Insekt	សត្វល្អិត	[satt-l/ett]
Insel	កោះ	[kås (= kåh)]
International	អន្តរជាតិ	[ånn-ta'-ra'-djeat]
Interview	សម្ភាសន៍	[såm-pheas]
interviewen	ធ្វើសម្ភាស	[thwö såm-pheas]
intensiv	ដែលឈឺខ្លាំងណាស់	[dä:l tchoe kh/lang nass]
interessant	មានខ្លឹមសារ	[mean khlemmsa:]

J Jahr	ឆ្នាំ	[tch/nam]
jährlich	រាល់ឆ្នាំ	[roall tch/nam]
jeden Tag	រាល់ថ្ងៃ	[roall th/ngai]
jeder	រាល់ (គ្នា)	[roall (khnea)]
jemand	អ្នកណាមួយ	[neak na muaj]
jetzt	ឥឡូវនេះ	[ei-low nis]
jung	ក្មេង (អាយុតិច)	[kme:ng (a-ju'-tedj)]
K		
kennenlernen	ស្គាល់គ្នា	[skoall-kh/nea]
Kind	កូន / កុមារ	[ko:n / ko'-ma:r]
kochen	ដាំស្លរ	[dam-slå:r]
kommen	មក	[maok]
Konferenz	ប្រជុំ	[prå-djumm]
konkurrieren	ប្រណាំងប្រជែង	[prå-nang prå-dje:ng]
können	អាច	[a:dj]
Kopf	ក្បាល	[kba:l]
Kopfschmerzen	ឈឺក្បាល	[tchoe kba:l]
kosten	ថ្លៃ	[th/lai]
klopfen	គោះ (ទ្វារ)	[koas (thwea)]
krank	ឈឺ	[tchoe]
Krankenhaus	មន្ទីរពេទ្យ	[monnti-pet]
L		
lang	វែង	[we:ng]
langsam	យឺត (លឿន)	[joet (l/börn)]
laufen	រត់	[rott]
leider	គួរស្តាយ	[kuar sda:j]
letzt	ចុងក្រោយ	[djong kraoj]
Lohn	ប្រាក់ខែ	[prak khä:]
Luft	អាកាស	[a-ka:s]
lügen	កុហក់	[ko'-håk]

M machen	ធ្វើ	[thwö]
manchmal	ជួនកាល	[djuan-kal]
meinen	យល់ឃើញ	[jaoll-khö:nj]
Meinung	យោបល់	[joo-båll]
mieten	ជួល	[djual]
mit	ជាមួយ	[djea-muaj]
Mitglied	សមាជិក	[sa'-ma-djik]
Mittag	ថ្ងៃត្រង់	[th/ngai trång]
Mittagessen	បាយថ្ងៃត្រង់	[ba:j th/ngai-trång]
Mittagspause	សម្រាកថ្ងៃត្រង់	[såm-ra:k th/ngai-trång]
modern	សម័យទំនើប	[sa'-mai tom-nö:b]
Moment	មួយភ្លែត	[muaj-phle:t]
möchten(mögen)	ចង់	[djång]
möglich	ដែលមានលទ្ធភាព	[dä:l mean latt-tha'-pheap]
Morgen	ព្រឹក	[proek]
morgen	ស្អែក	[s/ä:k]
morgens	រាល់ព្រឹក	[roall-proek]
müssen	ត្រូវតែ	[trow tä]
N		
nach	ឆ្ពោះ / ក្រោយ	[tch/poas / kraoj]
Nacht	យប់	[job]
Nachmittag	ថ្ងៃរសៀល	[th/ngai rosierl]
Nachricht	ពត៌មាន	[pordå-mean]
nächst	បន្ទាប់	[bånn-toabb]
Name	ឈ្មោះ	[tch/moas (= tch/moah)]
nehmen	យក	[jaok]
nein	ទេ	[te:]
neu	ថ្មី	[th/mei]
Neujahr	ឆ្នាំថ្មី	[tch/nam thmei]
Neujahrsfest	បុណ្យចូលឆ្នាំថ្មី	[bonn djo:l tch/nam thmei]

neun	ប្រាំបួន	[pram-buan]
neunzig	កៅសិប	[kau-sebb]
nicht	មិន...ទេ	[min...te:]
noch	ទៀត	[tiert]
normal	ធម្មតា	[thoam-ma’-da:]
nötig	ចាំបាច់	[djam-badj]
Notizen machen	កត់ត្រាទុក	[kått-tra-tuk]
Notruf	ប្រកាសភាពអាសន្ន	[prå-ka:s pheap a-sånn]
notwendig	ជាចាំបាច់	[djea djam-badj]
Nummer	លេខរៀង	[le:k rierng]

O

oben	ខាងលើ	[kha:ng lö]
ober	ផ្នែកខាងលើ	[phnä:k kha:ng lö]
Oberkörper	ដងខ្លួនខាងលើ	[då:ng-khluan kha:ng lö]
offen	ដែលបើកហើយ	[dä:l baök haöj]
öffentlich	ជាផ្លូវការ / ទូទៅ	[djea ph/laow kar / tu-tow]
öffnen	បើក	[baök]
Öffnung	ការបើកពិធី....	[kar baök pi’-thi: ....]
oft	ញឹកញាប់	[njoek njoabb]
ohne	គ្មាន	[kh/mean]
Orange	ផ្លែក្រូច	[phlä kro:dj]
ordentlich	ដែលរៀបរយ	[dä:l rierb ro:j]
Ordnung	ការរៀបរយ /សណ្ដាប់ធ្នាប់	[kar rierb-ro:j]

P

Pagode	វត្ត	[woatt]
Palast	វាំង	[weang]
Papier	ក្រដាស	[krå-da:s]
parken	ចត (ឡាន)	[djå:t]
Parkplatz	ចំណតឡាន	[djåm-nå:t la:n]
Paß	ប៉ាស្ប៉ោរ	[passpor]

Polizei	ក្រសួង នគរបាល (ប៉ូលិស)	[krå-suang nokoba:l (polis)]
Polizist	ប៉ូលិស	[polis]
Polizeiwache	ទីស្នងការប៉ូលិស	[ti snå:ng-ka polis]
Polizeiwagen	ឡានប៉ូលិស	[la:n polis]
Postamt	ក្រសួងប្រៃសណីយ៍	[krå-suang prai-sa'-ni]
Plan / Pläne	ផែនការ (គម្រោងការ)	[phä:n-kar]
planen	ធ្វើផែនការ	[thwö phä:n-kar]
Platz	កន្លែង	[kånn-lä:ng]

R

Recht	ស្តាំ / យល់ត្រូវ	[sdam / jaoll-trow]
Reis	អង្ករ / បាយ	[ångkå: / ba:j]
reparieren	ជួសជុល	[djuas-djull]
richtig	ត្រូវ	[trow]
Richtung	ទិស	[tiss]
Richtungsangaben	ការកំណត់ទិស	[kar kåm-nått tiss]
Rücken	ខ្នង	[khnå:ng]
Rückenschmerzen	ឈឺខ្នង	[tchoe khnå:ng]

S

sagen	ប្រាប់	[prab]
Satz	ឃ្លា	[khlea]
sehen	មើល / ឃើញ	[mö:l / khö:nj]
sehr	ណាស់	[nass]
senden	ផ្ញើ	[ph/njaö]
schicken	បញ្ជូន	[bånj-djun]
schon	រួចហើយ	[ruadj haöj]
schön	ស្អាត / ល្អ	[s/a:t / l/å:]
Schmerzen	ឈឺ	[tchoe]
schreiben	សរសេរ	[så-se:]
Schutz	ការ ការពារ	[kar ka-pea]
schützen	ការពារ	[ka-pea]

Seife	សាប៊ូ	[sa-bu:]
sein	របស់គាត់ /-វា	[robåss koatt / -wea]
sein (v)	ជា	[djea]
setzen sich	អង្គុយ	[ång-kuj]
Sie	លោក / អ្នកស្រី	[look / neak-srei]
sie	គាត់ / វា	[koatt / wea]
Sitzung	ការប្រជុំ	[kar prå-djumm]
Situation	ស្ថានការណ៍	[stha:n-na'-kar]
sofort	ប្រញាប់	[prå-njab]
Sport	កីឡា	[kei-la:]
Sprache	ភាសា	[phea-sa:]
sprechen	និយាយ	[ni'-jeaj]
stattfinden	ប្រព្រឹត្តឡើង	[prå-pritt-laöng]
stehen	ឈរ	[tcho]
stehenbleiben	ឈរនៅស្ងៀម	[tcho now s/ngierm]
stören	រំខាន	[rom-kha:n]
Stunde	ម៉ោង (រយៈពេល)	[maong]
Substantiv	នាម	[neam]
T		
Tablette	ថ្នាំគ្រាប់	[th/nam-kroabb]
Tag	ថ្ងៃ / ទិវា	[th/ngai / ti'-wea]
Tasche	ហោប៉ៅ	[ho-pau]
täglich	រាល់ថ្ងៃ	[roall-th/ngai]
Tausend	មួយពាន់	[muaj-poann]
Termin	កំណត់ពេលជួប	[kåm-nått-pe:l-djuab]
Tisch	តុ	[tok]
Tor	ទ្វារធំ	[thwea-thom]
treffen sich	ជួបគ្នា	[djuab-khnea]
Treffpunkt	កន្លែងជួបគ្នា	[kånn-lä:ng djuab khnea]
tun	ធ្វើ	[thwö]

U

übermorgen	ខានស្អែក	[kha:n-s/ä:k]
überreichen	នាំមក / បញ្ជូនមក	[noamm-maok]
überall	ទូទៅ	[tu-tow]
Uhr	ម៉ោង / នាឡិកា	[maong / nea-le'-ka:]
Uhrzeit	ពេលវេលា	[pe:l welea]
unten	ខាងក្រោម	[kha:ng-kraom]
untersuchen	ពិនិត្យរោគ	[pi'-nitt-rook]

V

Veranstaltung	ការជួបជុំគ្នា	[kar djuab-djumm khnea]
verbinden	បន្ត (ទូរស័ព្ទ)	[bånn-tå]
verfahren	វង្វេងផ្លូវ	[wong-we:ng phlaow
Verkehrsunfall	គ្រោះថ្នាក់ចរាចរ	[kroas-thnak dja'-ra-djå]
verneinen	មិនយល់ព្រម	[min jaoll-pro:m]
Verneinung	ការមិនយល់ព្រម	[kar min jaoll-pro:m]
Versammlung	ការប្រជុំ	[kar prå-djumm]
verstehen	យល់ / ចេះ	[jaoll / djäs (= djäh)]
viel	ច្រើន	[djraön]
Viertel	ភាគបួន	[phea:k-buan]
Vorsicht	ប្រយ័ត្ន	[prå-jatt]
Vorsitzender	ប្រធាន	[prå-thean]
vorstellen	បង្ហាញ	[bång-ha:nj]
Vorstellung	ការបង្ហាញ	[kar bång-ha:nj]

W

Wagen	រទេះ / ឡាន	[ro-tes / la:n]
wahr	ពិតមែន	[pitt-me:n]
wann	កាលណា / ពេលណា	[kalna: / pe:l-na]
warten	នៅចាំ	[now-djam]
was	អ្វី	[a-wey]
wenn	បើសិន	[baö-senn]
wenn es geht	បើសិនជាកើត	[baö-senn djea kaöt]

werden	នឹង(ន័យអនាគត)	[noeng]
Wetter	ធាតុអាកាស	[theat a-ka:s]
wichtig	សំខាន់	[såm-khan]
wieder	ម្តងទៀត	[mdå:ng tiert]
Wind	ខ្យល់	[kjåll]
Winter	រដូវរងា	[rodow ro-ngea]
wissen	ដឹង / ចេះ	[döng / djäs (= djäh)]
wo	ឯណា	[äna]
Woche	អាទិត្យ / សប្តាហ៍	[a-titt /sab-pda:]
Wochenende	ចុងអាទិត្យ	[djong a-titt]
wohnen	រស់នៅ	[ross-now]
Wohnung	ផ្ទះល្វែង	[phteas-l/we:ng]
wollen	ចង់	[djång]
Wort	ពាក្យ	[pea:k]
Wunsch	បំណង	[båm-nå:ng]
wünschen	មានបំណង	[mean båm-nå:ng]
Z		
zeigen	(ចង្អុល) ប្រាប់	[(djång-oll) prab]
Zeit	ពេល	[pe:l]
Zeitung	កាសែត	[ka-sä:t]
Zeitangabe	ការកំណត់ពេលវេលា	[kar kåm-nått pe:l-welea]
Zimmer	បន្ទប់	[bånn-tob]
zuerst	ជាបឋម	[djea pa'-thoamm]
zufrieden	ពេញចិត្ត	[penj-djett]
Zug	រទេះ(រថ)ភ្លើង	[ro-tes (rott)-phlö:ng]
zurück	ត្រឡប់វិញ	[trå-låbb-winj]
zusammen	រួមគ្នា	[ruam-khnea]
zuständig	ដែលទទួលខុសត្រូវ	[dä:l to-tual khoss-trow]
zustimmen	ព្រមព្រៀង	[pro:m-prierng]